轻松教子系列

轻松搞定世界上"最马虎"的小孩

章 程 | 编著

时代出版传媒股份有限公司
安徽教育出版社

图书在版编目（CIP）数据

轻松搞定世界上"最马虎"的小孩 / 章程编著.—合肥：安徽教育出版社,2016

（轻松教子系列）

ISBN 978-7-5336-7327-7

Ⅰ.①轻… Ⅱ.①章… Ⅲ.①家庭教育 Ⅳ.①G78

中国版本图书馆 CIP 数据核字（2016）第 315772 号

轻松搞定世界上"最马虎"的小孩

QINGSONG GAODING SHIJIE SHANG "ZUI MAHU" DE XIAOHAI

出 版 人	郑　可
质量总监	姚　莉
选题策划	鲁金良
责任编辑	鲁金良
装帧设计	袁　泉
责任印制	王　琳

出版发行：时代出版传媒股份有限公司　安徽教育出版社
地　　址：合肥市经开区繁华大道西路 398 号　邮编：230601
网　　址：http://www.ahep.com.cn
营销电话：(0551)63683012,63683013
排　　版：安徽时代华印出版服务有限责任公司
印　　刷：合肥创新印务有限公司
开　　本：880×1230　1/32
印　　张：8
字　　数：180 千字
版　　次：2017 年 12 月第 1 版　2017 年 12 月第 1 次印刷
定　　价：28.00 元

（如发现印装质量问题，影响阅读，请与本社营销部联系调换）

PART 1　理解家中的小马虎

3　注意力不集中的孩子容易变成小马虎

9　思维定式是形成马虎的不可忽视的原因

16　不良情绪是马虎的帮凶

23　性格原因是造成孩子马虎的重要因素

29　马虎的常见原因——学习、生活的不良习惯

36　感觉统合失调是造成孩子马虎的深层原因

PART 2　轻松搞定小马虎的招数

NO.1　有意识地对孩子进行注意力训练

45　训练孩子的注意力，请先营造良好的家庭氛围

55	给孩子独立的空间和时间
60	把孩子周围的不良刺激和干扰降到最低
65	利用孩子的兴趣训练注意力
73	避免零食对孩子注意力的干扰
81	有趣的注意力训练法

NO.2 帮助孩子消除不良情绪

91	改变孩子的抑郁气质，让孩子开朗乐观
99	协助孩子摆脱挫折情绪的困扰
106	用同理心对待孩子的马虎
109	抚慰情绪受伤的孩子
113	过犹不及，小心孩子得强迫症
120	帮助孩子远离情绪污染

NO.3 解决孩子生活中的马虎问题

124	孩子总是马虎弄伤自己怎么办
130	孩子总是粗心忘带东西怎么办
135	孩子不注意户外安全怎么办
141	孩子做家务马虎怎么办

147　孩子马虎却不承认怎么办

NO.4　纠正孩子学习中的马虎现象

152　孩子不细心检查作业怎么办

160　孩子写作业字迹潦草怎么办

167　孩子总写错别字怎么办

174　孩子总是不认真听讲怎么办

181　孩子学习时间一长就马虎怎么办

188　孩子因为贪玩而学习马虎怎么办

193　孩子喜欢边看电视边学习怎么办

NO.5　培养孩子不马虎的应试好习惯

199　学习动机不正确易导致孩子马虎应试

205　孩子考试前变得马虎怎么办

214　教给孩子正确的审题方法

217　越简单的题目孩子为什么越马虎

222　避免孩子考试因贪快而马虎失分

227　当考试考砸之后……

NO.6　让孩子多做一些"细活儿"

232　引导孩子细心观察大自然

236　利用游戏让孩子摆脱粗心

241　做家务也能让孩子变得细心

247　改掉粗心的毛病可以从画画开始

PART 1

理解家中的小马虎

PART 1
理解家中的小马虎

注意力不集中的孩子容易变成小马虎

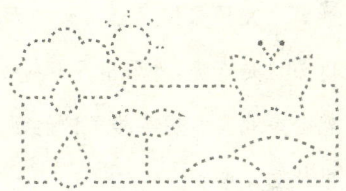

"马虎"一词在《现代汉语词典》中的解释是：草率，敷衍，疏忽大意，不细心。它的由来至今未有定论，流传甚广的说法是：

宋朝有个画家，他画什么都是随心所欲。有一次，这个画家要画一只老虎。他刚画好虎头，一个人就来了，那个人说："画家，请你帮我画一匹马吧！"画家就在虎头的下面画了马的身体。那个人说："你画什么呢？"画家说："画画本来就是马马虎虎的事。这么好的画，送给你吧！"但是那个人说什么也不要，画家就只好把那幅"马虎图"挂在了自己家的大厅里。

画家的大儿子看到了这幅"马虎图"，但是他不知道那是什么动物，于是就问画家："这幅画里画的是什么呀？"画家生气地说："这是一只老虎呀！你看不出来吗？老虎是一种可怕的猛兽，会吃人的，你要是碰到了这种动物，就马上躲起来，要不然就千方百计地把它弄

 轻松搞定世界上"最马虎"的小孩

死。"大儿子深信万分。有一天,大儿子去了集市,他看到了一匹马,以为这是老虎,就取出弓箭射死了马。他还笑着说:"哈哈,这样爸爸就会夸我是打虎英雄了!"然而,马的主人拉住了他,把他带到画家那里让画家赔钱。

画家画的这幅"马虎图"让他自己赔了钱,他正在气头上的时候,二儿子看到了这幅画,就问:"这幅画上的是什么呀?"画家心想,和大儿子说是老虎,他却射死了马,可不能再让二儿子射死马了,于是就对二儿子说:"这是一匹马。"二儿子半信半疑,但也没说什么。第二天,二儿子去了山上,他看到一只老虎,以为是马,就向"马"走去,想骑上它,可是还没走到"马"跟前,就被老虎扑过来吃掉了。

画家知道了以后,悲痛欲绝,看了一眼那幅画说:"你害我赔了钱,还赔了儿子。"然后他就烧了那幅画。之后,画家写了这么一首诗:马虎图,马虎图,长子依图射死马,次子依图喂了虎,草堂焚毁马虎图,奉劝诸君别学吾。

画家的马虎态度酿成一场悲剧,悔之晚矣!现在多数家长都非常重视纠正孩子粗心马虎的坏习惯,但是没有有效的教育手段,可谓谈"虎"色变。其实,家中的"小马虎"也不是那么难以改变,家长要找准原因,对症下药,就不难找出消除孩子马虎的坏习惯的对策。

在诸多造成孩子马虎习惯的原因中,最需要引起家长重视的是

PART 1
理解家中的小马虎

"注意力不集中"问题。孩子注意力不集中就会造成马虎的情况,比如下面故事中的松松:

松松是个"小马虎",每次和小朋友一起玩耍的时候,妈妈都要千叮咛万嘱咐:小心脚下,别摔跤;看清有没有车再踢球……为什么妈妈这么担心呢?原来松松可是有"光辉历史"的!

例如玩填色游戏时,本来在妈妈的指导下,填靠近线的地方时,小心翼翼,眼看就要完成,松松却因门外的大黄狗叫了一声,分心去看怎么回事,结果就涂到了线外,令原先付出的努力全部白费;玩积木时,却因一边吃饼干一边搭积木的原因,不小心碰到已搭了一半的城堡,使其瞬间坍塌……

这天,松松要出门和小朋友玩滑梯,妈妈因为正在做饭,所以把他送到楼下以后便上楼了,跟松松说好,回家的时候就在楼下大声叫妈妈,妈妈再去接他。

妈妈一边洗菜,一边从窗口时刻关注着松松。这孩子,玩滑滑梯的时候东张西望,结果在上滑梯的时候被绊了一下,差点摔跤;一会儿边奔跑边在自己口袋里翻东西,没注意到行人,结果撞到了站在那儿看他们玩耍的大人……总之没有让人省心的时候!

松松为什么会这样呢?妈妈觉得可能跟松松的注意力不集中有关系。松松总是爱"一心二用",手里做着一件事,心里却想着另一件

 轻松搞定世界上"最马虎"的小孩

事,结果两件事都没有做好。比如上周说好出去郊游,松松第一个穿好衣服跑到楼下,还一个劲儿地催促爸爸妈妈快一点,等一家人上了公交车,妈妈才发现松松只穿了一只袜子!后来松松解释说,他在穿袜子的时候想着带什么玩具出门,结果就……

正因为这样,妈妈每次都叮嘱松松,做什么事都要专心一点,别一心二用。可是松松听这话的时候也总是"一心二用",耳朵听着,脑子里却想着别的。

"妈妈——"听到洪亮的声音,妈妈不看也知道,是松松回来了。

妈妈下楼把松松接回来,松松火急火燎地说:"妈妈,我渴死了,水壶里没水了!"妈妈一边端着温水出来,一边在心里琢磨,松松下楼的时候,自己明明在他的水壶里装了一大壶水,怎么就没有了呢?走到松松跟前,妈妈才发现松松手里的水壶不是他的。

妈妈把水递给松松,然后把松松手里的水壶摆到显眼的地方,故意说:"呀,我们的水壶真是个神奇的水壶,才一会儿工夫就变了个样子!"

松松大口喝完水,也好奇地看向水壶,然后立刻说道:"呀,我拿错水壶了!都怪拿东西的时候小明跟我打岔!"

妈妈叹了口气,这孩子怎么办好啊!

心理学研究表明,注意力集中性差的大脑在筛选分析视觉看到

的信息时,会容易受到不良干扰,从而出现差错、遗漏,进而导致马虎、粗心等现象。那么,孩子为什么容易出现注意力不集中的问题呢?这在很大程度上与家长的错误教育有一定关系。

家长不重视注意力的培养

应该说,在现代社会中,家长对孩子的教育都很重视,但是有时候家长会不自觉地步入一个教育的误区。例如,很多家长在对孩子进行早期教育时,注重的是孩子对于知识的学习,而忽略了对孩子注意力的培养。这些孩子虽然学习成绩还可以,但是注意力不集中的现象,没有被家长重视,等到日后功课多了以后,孩子的坏习惯已经形成,延误了注意力习惯培养和引导的关键期,改起来就很难。

去年9月,兵兵升入小学四年级。这孩子很聪明,但是就是有点马虎,写作业时常常是对一半,错一半。爸爸很纳闷,以前兵兵不是这样的啊,虽然比较容易分心,做作业慢一点,但是正确率还是可以的。孩子到底怎么了?最近,老师也开始反映兵兵上课不能认真听讲。爸爸很着急。通过对兵兵的观察,爸爸发现,到了四年级,孩子的作业多了,学习的难度也增加了,而孩子上课的时候开小差的习惯导致他很多知识没有听到,或者没完全听懂,做作业的时候不懂也不问,马马虎虎应付了事,所以正确率不高,成绩下滑。

兵兵从小就有注意力不集中的坏习惯,可是爸爸忽略了,错过了纠正的好时机,随着孩子年龄的增长,坏习惯的不良影响逐渐体现。与其说这是孩子的错,不如说是家长的错。

家长忽略了从根源上解决问题

很多家长非常想帮助孩子,但忽略了从根源上解决问题。对于作业马虎、粗心的孩子,家长往往是加大作业的量,或选择更多的兴趣班,希望以此来提高孩子的学习成绩。但事实上,这些举措都是需要孩子在注意力集中后,才能够收到较好效果的;如果没有针对孩子的注意力进行有目的性的训练和提升,最终只会让孩子自信心受挫,其结果可想而知。

要想让孩子改掉马虎的坏习惯,注意力不集中是首先要解决的。家长要正视自己的问题,然后采用行之有效的方法提升孩子的注意力。具体方法在本书的 Part 2 中会详细阐述。

思维定式是形成马虎的不可忽视的原因

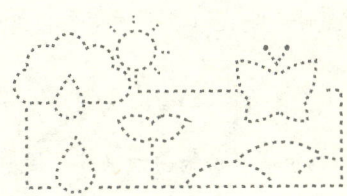

思维定式是孩子心中已有的心理活动模式,如同说到"1"的时候,人们自然就会想到"2",说到"天"的时候就会自然想到"地",这就是在人们的心里已经形成的定式。有些思维定式会让很多事情变得简单,而另一些思维定式会起到负面作用,使人出现错觉,妨碍问题的解决。孩子马虎了,有时可能就是孩子的思维定式影响了他们的思维和判断,使他们得出错误的结果。

思维定式的消极作用

思维定式可能是对过去某一阶段经验的总结,是经过成功的经验或失败的教训验证的"正确思维"。但是当事物的内外环境发生变化时,仍然固守"正确的"定式思维就行不通了,会产生消极作用,甚

轻松搞定世界上"最马虎"的小孩

至使人吃大亏。下面两个经典小故事很形象地说明了这个道理。

故事一：一家马戏团突然失火，人们四处逃窜，虽然没有人员伤亡，但那只值钱的大象被活活地烧死了。原来，当这头象小时候被捕捉后，马戏团害怕它会逃跑，便以铁链锁住它的脚，然后把它绑在一棵大树上。每当小象企图挣脱时，它的脚就被铁链磨得流血，经过无数次的尝试后，小象并没有成功逃脱。于是在它的脑海中形成了一个思维定式：只要有绳索绑在它的脚上，它便无法逃脱。因此，当它长大后，虽然绑在它脚上的只是一条细小的绳子，它也不会再做自认为徒劳无功的努力。

故事二：美国一位科学家在海洋馆里做了一个实验。他用玻璃板把一条具有攻击性的大鲨鱼和一条小鱼隔开。刚开始，这条大鲨鱼不断撞击玻璃，企图捕食隔壁的小鱼。无奈，玻璃隔板太坚硬，大鲨鱼无论怎么发威，玻璃隔板都丝毫未损。攻击了一段时间之后，它便放弃了。于是，科学家便把玻璃隔板悄悄地移开，让人意想不到的是，大鲨鱼再也没有攻击过小鱼，它们都和平地在各自的领域活动，互不侵犯。

可见，不突破思维定式，就只能被原有的框架所束缚，就不可能激发出创新思维和取得新的成功。牛顿从苹果落地发现了万有引

力,瓦特看见炉子上烧水的壶盖被水汽顶起而受到启发,发明了蒸汽机。苹果与万有引力、水壶盖与蒸汽机,在一般人看来是风马牛不相及的,牛顿和瓦特却能够从这些不同的事物中发现客观事物的本质及其内部联系。这全是因为他们突破思维定式并富于创新思维的结果。

人们常常会按照一种常规性的思维模式来思考问题,久而久之就形成了一种难以阻遏的惯性。这种惯性对孩子的思维活动产生着严重的影响。

小天战战兢兢地对妈妈说:"妈妈,考试成绩出来了……"妈妈接过成绩册,数学还勉强凑合,语文只考了76分,全班倒数。妈妈看了看语文试卷,孩子在选择题和作文上被扣的分数最多。

有一题是这样的:

阅读下面这首元曲,然后指出对文中语义解说错误的一项(　　)

问人间谁是英雄?有酾酒临江,横槊曹公。紫盖黄旗,多应借得,赤壁东风。更惊起南阳卧龙,便成名八阵图中。鼎足三分,一分西蜀,一分江东。

A."酾酒临江,横槊曹公",意思是曹操横槊船头,洒酒于江,表示凭吊。

 轻松搞定世界上"最马虎"的小孩

B."多应借得,赤壁东风",指孙权赤壁一战借助东风取得了胜利。

C."便成名八阵图中",是化用杜甫"名成八阵图"的诗句说明诸葛亮的功绩。

D.最后一句指明了鼎足而立的三国中的英雄:刘备、孙权及曹操。

正确答案应该是D,孩子选错了。妈妈问其原因,小天说:"我马虎了,我以为D没有错,三国鼎立的英雄分别是刘备、孙权及曹操,可是这首元曲歌颂的是曹操、孙权和诸葛亮三位英雄人物。"

妈妈仔细看了看题目,是啊,中国历史上三国鼎立的英雄分别是刘备、孙权及曹操,此乃妇孺皆知的常识了,孩子更是烂熟于心,但是,这一题恰恰错在D项,相当部分孩子被"常识"牵着鼻子走了,未能看清题目,没有根据原文进行具体情况具体分析。为什么孩子会答错呢?主要原因便在于他们头脑中的思维定式。

相信有许多孩子都会因为思维定式造成的学习上的马虎,错失了该得的分数。孩子正处于一个身体心智发展的成长时期,如果养成定式思维的不良习惯,就会对思考能力的发展、智力水平的提高产生巨大的阻力,还会给别人留下粗心、马虎的印象。这些对孩子的学业进步以及身心健康是有百害而无一利的。

PART 1
理解家中的小马虎

💗 测测孩子的思维是否定式

家长可以通过下面几个脑筋急转弯，测一测孩子的思维是否定式：

有两个小孩子长得一模一样，他们的出生年月日、家庭住址、电话号码、家长的姓名也是完全一样，第一次看到他们的人都认为这两个孩子是双胞胎，可是这两个孩子却说不是。请问他们是什么关系？（原来，他们不是双胞胎，而是三胞胎中的两个）

一个聋哑人到五金商店买钉子，他把左手的食指和中指捏起做夹钉子状，伸出右手做举锤子状，服务员连忙给他拿来锤子，他摇摇头；服务员给他拿来钉子，他满意地付钱走了。接着来了一个买剪刀的盲人，请问，他怎样才能买到剪刀？（是伸出食指及中指一开一合表演剪东西状？错了，盲人只要说话就可以了）

简单的脑筋急转弯当然不能百分百科学地来判定孩子的思维是否定式，但是至少可以给家长提个醒，让家长重视起孩子的这个问题。

改变孩子的定式思维

怎样打破孩子思维中一切僵化的模式呢？家长可以参考下面几个建议：

第一，扩大孩子的知识面。现在的孩子生活面并不宽，见识较少，再加上传统的定式思维习惯的影响，思维水平自然受到了许多限制。家长要利用一切有利时机让孩子走出家门，走入社会，到公园、博物馆、动物园、科技中心等地方了解社会生活，接触更多的人，开阔眼界，增加知识积累，扩大思维范围。孩子一旦具备一定的见识，他思考问题的方法就会灵活得多，就不会被旧思维老办法限制。

第二，营造宽松、自由的创新氛围。克服定式思维，其实就是打破传统，创造求新。创新思维只有在自由、宽松的环境中才能孕育、诞生。家长不要给孩子过多的限制和压力，应留给他们足够的自由思考的空间和放松的心情，以便他们能深刻、全面地掌握知识，提高学习成绩。

第三，从不同角度看待问题，同中求异。有心的家长会发现，由于学校的"统一教育"，对于同一个问题，不同的孩子的回答却是大同小异，缺乏新意。比如，"雪融化后是什么"，绝大多数孩子的回答是"水"，只有极少数的孩子会突发奇想，给出诸如"春天"这样有新意的

答案。这是教育的悲哀,家长在这一点上应该给孩子适当帮助,引导他们从不同角度、不同方向思考问题,鼓励他们发表个人意见;提倡一题多解,同中求异。

第四,培养孩子的想象力。丰富的想象可以突破思维定式,将思维的触角延伸到更广阔的世界里。在日常生活中,家长要有意识地训练孩子的想象力,如让孩子设想自己的未来是什么样子;看到一幅画,就问孩子想到了什么;看到云朵,就问他像什么。这些看似不着边际的想象对提高孩子的智力大有裨益。

不良情绪是马虎的帮凶

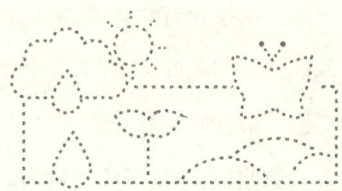

情绪是非智力因素,积极的情绪对孩子的生活、学习有促进作用,消极的情绪则会妨碍孩子正常的生活和学习。孩子最常见的情绪问题就是厌学、紧张、逃避等,比如,孩子厌学,就会难以集中注意力,导致记忆力下降和对知识点的遗忘,容易看错、听错、写错,马虎的问题就会在不知不觉中出现。即使是智商很高的孩子在不良情绪的影响下,也一样会马虎,一样会犯错。

刘星从小就特别喜欢学习,中考时,她以几分之差与重点学校无缘,进入了一所普通高中。

整个暑假,刘星都在反复检讨自己,认为是自己学习还不够努力。她发现和自己最要好的一位女生,之所以能考上重点学校的重点班,就是因为能保证所有时间都在看书。即使在课间休息时,其他同学说话声音大一点儿,她都会毫不客气地提醒他们:"请勿打扰!"

PART 1
理解家中的小马虎

读高一时,刘星顺利地度过了适应期,她的学习成绩好,人际关系也不错。暑假分班时,她认真研究了学校设立高二理科实验班的政策,坚信自己肯定能进入。遗憾的是,开学之初,她被分到了普通班。为此她大哭了两天,恳求爸爸找关系帮她进重点班,但没有成功。

刘星第一次觉得,家庭很难给予她所期待的帮助,自己一定要成功,只有这样,才能保证父母将来有一个安稳的晚年生活。

为此,刘星把所有时间都用在学习上。除了读书,她对什么都不感兴趣。她说,她每次吃饭只用十分钟,即使这样,还会为自己"浪费"了这十分钟感到内疚。

令刘星恼火的是,她的同桌爱说爱笑,经常让她无心念书,期中考试没能考进前十名。她找到班主任,要求换一个内向的、爱学习的同桌。班主任说:"我正在考虑全班座位大调整,就请你草拟一个方案吧。"

刘星的换座方案出台后,在班里引发了轩然大波,大家纷纷认为她是要拆散所有和谐相处的同桌。于是,她成了全班的"公敌"。

在这种情况下,刘星的情绪糟透了,思想开始处于一种强烈的混乱状况,怎么也无法静下心来读书。在接下来的一次考试中,她的名次落到了三十多名。仔细看她的各科试卷,很多都是因为看错、听错、

轻松搞定世界上"最马虎"的小孩

写错这些马虎问题而被扣了分数,想来是因为无心读书而造成的粗心大意。看着自己的分数,刘星产生了强烈的厌学情绪,坚决要求转学。

各种情绪变化所引起的马虎行为,具有一定的偶然性、暂时性。孩子的情感正处于形成发育期,感情脆弱而且多变,很容易受到情绪的干扰。爸爸妈妈了解孩子的情绪状况,有效地引导孩子的情绪,对消除这种暂时性的马虎有积极的作用。

❤ 引导孩子表达自己的情绪

在一部电影中有这样的镜头:女主角把自己不高兴的事情对着一个装满水的瓶子大声讲出来,然后将瓶子里的水倒掉,就当把一切坏情绪一起倒掉。孩子有了坏情绪,家长就要帮助孩子把坏情绪"倒掉",这样孩子才能不被坏情绪影响。

希希是一个聪明的小孩,大家也都很喜欢他,可就是有一点,这孩子总是喜欢乱发脾气,动不动就暴跳如雷。因为希希的父母很注意对孩子的教育,所以希希知道发脾气是不好的表现,他就忍着,常常把自己的脸憋得红一阵青一阵的,到最后还是会找机会爆发出来。

希希妈妈看到这种情况后,就跟希希商量,如果遇到不高兴的事

PART 1
理解家中的小马虎

情就马上说出来,不要憋着。于是,在妈妈的鼓励下希希开始尝试表达自己的情绪:"我不高兴。"或者说:"我心情有点不好。"希希的坦白,让妈妈能够在第一时间内掌握孩子的情绪,也就可以对症下药。

有一天,希希因为一个小过失没有得到老师的奖励,就非常伤心。放学后妈妈来接的时候,他就说:"妈妈,我有点儿伤心。"妈妈了解情况后,就鼓励希希下次做游戏时好好表现,可是希希还是说:"妈妈,我还是很伤心。"妈妈想了想,说:"那晚上我陪希希做手工作业好不好?我们一起做一个最好的手工,保证明天赢得一朵小红花。"这样,希希第二天果然凭借优异的手工作品得到了老师的称赞。

希希的妈妈因为教会希希表达自己的情绪,所以能在第一时间内掌握孩子的情绪波动情况,并能对症下药,疏导孩子的不良情绪。这样,不但不会影响到孩子的学习,反而能帮助孩子树立进取之心。

那么,如何让孩子学会表达情绪呢?其实很简单,比起情绪复杂的成年人来说,孩子更容易对自己的情绪做出坦诚的表达。实际上,能否表达情绪多数只是习惯问题,只要在平时生活中,把情绪表达的意识灌输给孩子就可以了。对此,父母应当尽量引导孩子表达情绪,可以让孩子从"我很高兴"或者"我不高兴"这些简单的情绪表达开始。

当孩子表达他的情绪时,父母不可以冷漠对待,更不能当作没听见,要给予足够的重视。要知道,当孩子说自己不开心的时候,是希望

得到大人的帮助,并寻求安慰。对于情绪不好的孩子,不要一味枯燥地抚慰。当孩子非常生气的时候,说"别生气"或者"不要生气"是没用的,家长可以给孩子提供发泄的道具,比如一些出气筒玩具等。当孩子度过恶劣情绪的高峰时,家长就要帮助孩子找到导致坏情绪的病灶,并和孩子一起解决难题。无论孩子处于什么样的情绪状态,父母都必须坚定地站在孩子那一边,给他们精神支持,以免使孩子产生被抛弃的感觉。

让孩子学会积极的自我暗示

积极的自我暗示可以帮助孩子消除不良情绪,通过积极暗示的鼓励,孩子会找到控制情绪的方法。

蓬蓬妈妈知道蓬蓬是个胆小的孩子,每次上课都很紧张,担心老师会提问,担心自己会出错,如果出错了会被同学们嘲笑,会很丢脸,会抬不起头来,等等。总之,这种紧张的状态会从上课铃响开始一直到下课。可是,越是紧张,蓬蓬越是会出错。

一次,老师让蓬蓬到黑板前听写单词,因为紧张,蓬蓬握着粉笔的手都在发抖,一些平时滚瓜烂熟的词汇都写错了,在老师的批评声中,在同学们的笑声中,蓬蓬的头垂得低低的……

PART 1
理解家中的小马虎

蓬蓬妈妈开始时用了很多方法,比如尽量抽时间陪蓬蓬预习功课,帮蓬蓬检查作业,妈妈以为蓬蓬功课准备得充分一些,自然就有自信,不会再紧张。但是过了一段时间,妈妈发现根本不管用,而且蓬蓬也不喜欢被妈妈过多关注,关注越多他就越不自然,越是在椅子上扭来扭去。

时间长了,妈妈就想到另外一个办法,不再过多关注蓬蓬的学习,而是每当来客人的时候,妈妈就会当着客人的面大声夸奖蓬蓬:"蓬蓬从来不给我找麻烦,自己就知道学习,都不用我喊。""蓬蓬比我小时候勇敢多了,这么小就自己出去帮我买东西,我小时候可不敢。""我看蓬蓬胆子就是大,去游乐园玩时那些比他大的小孩都被吓哭了,他倒开心得不得了。"……就这样,蓬蓬妈妈坚持变着花样夸蓬蓬,到学期结束,老师告诉妈妈蓬蓬是班里进步最快的孩子,妈妈也明显感觉蓬蓬说话做事能挺胸抬头,像个雄赳赳的男子汉了。

后来,妈妈又和蓬蓬一起做了一个小约定,每天出门前一起大喊:"我是勇敢的罗宾汉!"这样,蓬蓬不但彻底赶走了胆小的坏毛病,还越来越自信,成绩也突飞猛进。

很明显,妈妈不断地进行侧面表扬,给了蓬蓬一种暗示:我是优秀的。于是,这种暗示被带到孩子生活的各个方面,直接改变了他在课堂上的心态和表现。所以,暗示可以在潜移默化、不知不觉中影响

孩子稚嫩的心灵,让孩子去积极地面对生活中的一切困难。

那么,父母应该为孩子提供哪些自我暗示呢?

第一,暗示应该充满真挚的情感。只有父母最无私的爱,才能真正发现对孩子有益的暗示。可能是发现孩子在某个方面的潜能,比如"这个孩子这么小,但是很懂事";或者是对孩子性格中优秀成分的捕捉,例如"这个孩子知道照顾弟弟,总是把大的苹果让出去"等。

第二,暗示要有一定的事实基础。暗示不能任意夸张或者是对缺点人为地加以掩饰。比如有的父母过于袒护自己的孩子,当孩子拿了妈妈的钱去买零食吃时,妈妈不但不批评,还要夸奖孩子"会花钱了"。这种溺爱,不但不会起到积极的暗示作用,反而让孩子迷失本性,从而与真理背道而驰,成为一个好胜却不知谦卑的人。

第三,不要让孩子有错误的自我暗示。比如孩子听课时,记不住老师讲的课文,就会产生自我怀疑:"我是不是记忆力特别差呢?"这时父母要及时纠正孩子的这种怀疑,告诉他:"你不是记忆力差,是没有集中注意力去听,我知道你是最聪明的,你一定会记住。"

第四,善于运用幸运语来暗示,可以让孩子充满快乐。平时家长可以教孩子一些幸运语,比如,像动画片里的角色那样大喊"我今天学了本领"或者"我很有信心,我有力量"等,这样孩子每天重复地喊,心理暗示的力量就会促使好心情的出现。

PART 1
理解家中的小马虎

性格原因是造成孩子马虎的重要因素

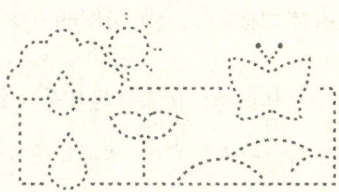

性格原因是导致孩子马虎的心理因素。例如,有些孩子天生就好动,走起路来都是脚踢石块,手抡书包,不是书被甩出去了,就是铅笔盒丢了;还有些孩子一看到老师布置的作业比较多就急,看到难题也急,看到时间晚了也急,这种好动急躁的性格就会造成孩子马虎的现象。

性格是一个人对现实生活稳定的态度和习惯化的方式,有的儿童性格比较急躁,做事易匆忙,缺乏责任心,其行为方式必然表现为粗心大意、不细致。性格的形成在某种意义上带有遗传性,孩子的生活环境、父母的教育方式等,对性格的形成起着很大的作用。因此孩子良好性格的形成既取决于父母的先天遗传基因,也离不开后天成长的生活环境。

对于由性格原因造成的马虎,家长应该做些什么呢?下面故事

中林则徐的父亲所采用的方法值得家长借鉴:

林则徐的父亲林宾日是一个教书先生,他很重视对子女的教育。在林则徐刚满四岁时,林宾日便每天带着他到自己受聘的罗家私塾,开始对其进行启蒙教育。他十分注意施教方法,经常根据孩子的心理、行为特点,讲一些有趣的故事,让孩子在故事中认识到自己的优缺点。

林则徐小时候机灵聪明,但性子很急,办事毛毛糙糙,粗心大意,经常出差错。林宾日认为:"从小看大,三岁知老。"小孩子这样下去养成习惯,将来办事要出大错的;但直接说出他的缺点,他未必能改。有一天,他把林则徐叫到跟前,给他讲了一个"急性判官"的故事。

从前有一个判官,由于他自己非常孝敬父母,所以每次遇到不孝顺的犯人,他就判得特别严。一天,有两个人拉来一个年轻人,要判官严惩。他们说:"这个年轻人是个不孝之子,他不仅骂他娘,还动手打她。我们把他捆了起来,可他还是不停地骂,我们就用东西把他的嘴堵住了。像他这样不孝的后生可恨不可恨?"

判官一听被捆的人是个不孝之子,立刻火冒三丈,就喊:"来人呀,打这个逆子五十大板。"

这个年轻人想开口申辩,可是嘴被堵着,有话没法说,只好挨了五十板子,屁股被打得血肉模糊。

一会儿,有个老太婆拄着拐杖急匆匆走进来,边哭边焦急地说:

PART 1
理解家中的小马虎

"请大人救救我们,刚才有两个盗贼溜进我家后院,想偷我的牛,我儿子捉住他们,要送他们到官府来,可是力不从心,两个强盗反把我儿子捆走,不知弄到何处去了。求大人帮忙,赶紧替我找找儿子。我就这么一个孝顺儿子……"

判官一听,心里暗想:莫非是恶人先告状,我刚才打的就是她的儿子?他忙叫人把那两个捆人的人找来,但那两个人早已溜走了。这时,被打昏过去的年轻人突然呻吟了一声,老太婆一看,正是自己的儿子,就惊叫了一声,昏倒在地。

聪明的林则徐知道父亲的这个故事是针对他的毛病讲的,便说:"我一定好好改一改急躁的毛病。"

"急性判官"的故事,牢牢印在林则徐的心里。直到几十年后,他做了湖广总督仍不忘父亲讲过的这个故事。为了时时警惕自己性情急躁、容易发怒的毛病,他专门做了一个"制怒"的横匾,挂在自己的书房,时刻提醒着自己。

达尔文说:"脾气暴躁是人类较为卑劣的天性之一,人要是发脾气就等于在人类进步的阶梯上倒退了一步。"然而,急躁是一部分孩子和成人的常见心理特征。碰到不称心的事情,他们会马上激动不安,如热锅上的蚂蚁;要想达到某个目的,没做好准备就开始行动,由于无计划,急于求成,常常心理不稳定,结果往往达不到目的。第一

件事因急躁失败了,往往又更加急躁地去做第二件事,这就形成了一种恶性循环。

❤ 急躁个性的形成原因

无论是成人还是孩子,如果意识到自己急躁、易怒就要去分析其中的原因并不断去调整。对于孩子而言,形成急躁个性的原因可能有以下几方面:

第一,父母的溺爱养成了孩子较强的依赖性。缺乏独立性的孩子一旦离开家长的怀抱,就显得不知所措,在学习和生活中常常觉得不称心,急躁个性由此产生。

第二,在困难与挫折面前,孩子没有应对的能力,显得力不从心。由于年龄的原因,孩子的兴趣爱好容易变化,当他对一件事情有了兴趣时,常常表现出极大的热情,可是,由于缺乏必要的知识、行动的能力等原因,结果往往是因不得要领而失败,兴趣也随之减弱;不久对另一事物又产生兴趣,同样的过程再次出现。一而再再而三的失败,会使孩子感到失望、焦急。而孩子又缺乏对付这种困难和挫折的能力,再加上得不到父母及时的帮助与引导,时间久了,就会形成急躁的个性。

PART 1
理解家中的小马虎

第三,长期不稳定、不安静的生活、学习环境会导致孩子急躁个性的形成,比如说父母关系不和谐,经常吵架打闹;经常搬家,居无定所等。

第四,父母自身的急躁情绪传递给了孩子。家庭成员的脾气秉性是相互影响的,如果父母双方或其中一方比较容易急躁,那孩子就会因耳濡目染而急躁起来。

❤ 调整孩子急躁性格的方法

面对孩子的急躁性格,家长可以针对不同的原因采取不同的调整方式:

第一,培养孩子的独立性。作为父母,请不要对孩子包办代替,只要孩子自己能做的事就多鼓励孩子自己去做,促使孩子具备独立自主的能力。这样,孩子就能逐渐掌控自己的生活、学习,就不会轻易产生急躁情绪,坚持一段时间,孩子的急躁个性就会有所改观。

第二,给孩子以及时的帮助和引导。在孩子兴趣爱好的形成时期,当孩子遇到失败处于心情紧张和异常激动状态时,家长首先应该使孩子平静下来,引导孩子找出失败的原因,帮助孩子树立自信心,使孩子确定并坚持自己的兴趣爱好,使心理情绪保持正常状态。

第三,为孩子营造良好的生活、学习氛围。在生活中,给孩子提供一个和谐、温暖、稳定的家庭环境;在学习中,尽量为孩子创造一个安静的学习环境。

第四,做孩子的表率。父母在面对各类困难或挫折时要做出表率,耐心努力,不急不躁,孩子也会逐渐平和,并学会沉着应对各种困难。

第五,温和而耐心地分析急躁的后果,提高孩子克服急躁情绪的自觉性。林则徐的父亲就是采用这一方法来纠正孩子的急躁个性的。只是,林则徐的父亲并不是没有苦口婆心的说教,而是采用了讲故事这样一种带有趣味性的方式。家长可以针对孩子的喜好,温和而耐心地给孩子讲明道理。

第六,教给孩子一些自我训练的方法。对于大一些的孩子来说,家长可以让他进行自我暗示,比如在自己屋里或课桌上贴一些"沉着""细心""冷静"之类的纸条,随时提醒自己;也可以让他进行兴趣磨砺,比如下棋、画画、钓鱼、做手工等,都可达到培养耐心和韧劲的目的;还可以让他用"静默法",即坐在一个安静的房间里,集中注意一个单调的声音,如钟的嘀嗒声,或集中注意一个意念,做一些简单刻板的动作,如用大拇指与其他手指重复接触等,这样可以达到静心,松弛精神,控制自己心理活动的目的。

PART 1
理解家中的小马虎

马虎的常见原因——学习、生活的不良习惯

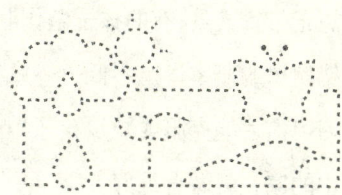

几年前,当几十位诺贝尔奖得主聚会之时,记者问一位荣获诺贝尔奖的科学家:"请问您是在哪所大学学到您认为最重要的东西的?"这位科学家平静地说:"在幼儿园。""在幼儿园学到什么?""学到把自己的东西分一半给小伙伴,不是自己的东西不要拿,东西要放整齐,吃饭前要洗手,做错事要表示歉意,午饭后要休息,要仔细观察大自然。"这位科学家出人意料的回答,直接明了地点出儿时养成良好习惯对人的一生具有的决定性意义。

习惯的力量是巨大的,人一旦养成一个习惯,就会不自觉地在这个轨道上运行。如果是好习惯,则会终身受益;反之,就会在不知不觉中受害一辈子。对于马虎的孩子而言,学习、生活中的不良习惯也是产生马虎行为的常见原因。比如,有的孩子早晨爱睡懒觉,那么他极有可能经常睡过头,致使醒来后急急忙忙往学校赶,会因粗心大意

 轻松搞定世界上"最马虎"的小孩

忘记带齐文具;有的孩子做作业不愿意反复检查,那么因为粗心而答错题目的概率肯定不低……只有培养孩子养成良好的生活习惯和学习习惯才能克服或减少孩子"粗心马虎"的现象。这一点,下面例子中的家长就做得很好。

司卫东,安徽人,父亲是大学教师,母亲是图书馆管理员。1986年9月,他考入中国科学技术大学少年班,毕业后考入中国科学院物理研究所,在赵忠贤院士处攻读博士,并获博士学位,现在在美国宾夕法尼亚大学做超导研究。

司卫东还在读小学四年级时,一天深夜,爸爸工作结束后,照往常一样,打开他的作业本检查一下,结果发现老师给一道题打了一个叉,写了"重做"两个字。爸爸再向后看,这道题是重做了,可是又发现重做的题和原来的一样,再检查运算过程,两次都一样,是对的。为什么老师打叉让重做呢?找到课本一对,原来是粗心的司卫东抄错题了。

当时天气已经很冷,爸爸看着熟睡的儿子,稍微犹豫了一下,但还是把儿子叫醒了。当时全家住在一间屋里,除了妹妹,奶奶、妈妈都给弄醒了,大家不知道怎么回事。爸爸让司卫东穿好衣服,坐在桌边,然后把作业本放在他面前,说:"你做作业太马虎了,再检查一下。"爸爸没有大声斥责。

司卫东认真检查了那道重做的题,用奇怪诧异的目光看着爸爸:"没有错嘛!"

"好好想想老师为什么让你重做。"

爸爸没有说"你怎么这么笨,连题抄错了还不知道",他只是平静地坐在一边继续工作。

司卫东裹着棉袄,两眼盯着老师打的那个红叉叉,足足愣了二十分钟,猛然想了起来,打开课本一对,知道是题抄错了,马上更正习题,做好后递给爸爸。爸爸见他找到了原因,语重心长地说:"以后做完作业,要养成反复检查的好习惯,不能再粗心大意犯这样的'低级错误'了。"司卫东听后点点头。

司卫东是一个听话的孩子,一点就通,爸爸的一次教育就给他留下了深刻的印象。但在现实生活里,有时候,家长在纠正孩子生活、学习上的粗心习惯时,往往不是那么顺利,有什么好方法能够让孩子更明确地认识到自己的缺点,并乐于改正呢?

把游戏融入教育

任何教育融入了游戏都会由枯燥变得有趣!

轻松搞定世界上"最马虎"的小孩

一位母亲有个十岁的"马大哈"儿子。他做作业时左看右看，不是看错了符号就是抄错了数字；练琴时总弹错音；下棋时也漫不经心……刚开始朋友觉得这是小孩子的本性，但渐渐发现不是那么回事。"马大哈"越来越马虎，做事情很浮躁，一点都不踏实、不细心。于是，母亲想了个办法来纠正儿子的这个坏毛病。

一天，儿子做完数学作业后，妈妈便和他商量玩"警察和逃犯"的游戏。所谓"警察和逃犯"的游戏就是儿子做完作业后自己先检查一遍，仔细核对题目的要求、数字、计算结果，将出了错的"逃犯"抓住。之后，妈妈再去抓。如果妈妈没有再抓住"逃犯"，说明儿子是一名合格的"警察"，妈妈将颁发一枚勋章给儿子。一个星期如果累计获得三枚勋章，儿子就可以得到一份神秘礼物。但是，一旦妈妈发现还有"逃犯"，儿子就要从头再检查，直到把"逃犯"抓住为止。一听做游戏，儿子立刻来了精神，痛快地答应了。

不一会儿，儿子便找到了错误，兴奋地大叫："妈妈，我抓到一个！""妈妈，我又抓到一个！"儿子和妈妈都严格按照游戏规则坚持每天完成作业后做游戏。

一段时间后，妈妈欣喜地发现儿子不再像以前那样马虎了，因粗心而导致的差错明显减少了。为了得到更多的勋章，得到神秘礼物，儿子虽然仍不能完全杜绝马虎和差错，但在做事情的时候明显变得

PART 1
理解家中的小马虎

能静下心来思考了。

好的教育方法一定不是刻板的、无趣的,家长可以向故事中的妈妈学习,让孩子在快乐中认识到自己的不足,并且乐于改正。

用故事打动孩子

普通的说教若是无法取得良好的效果,那么家长不妨像下面故事中的妈妈一样,用故事来打动孩子!

小芳是一个很马虎的孩子,经常是本来不该答错的题却答错了,本来不该看错的题却看错了,本来不该写错的字却写错了,为此没少挨老师、家长的批评。她有时也在心里提醒自己,千万别再马虎了,但到做作业的时候不该错的还是错了。小芳真是苦恼极了。

还记得有一次是刚开学,妈妈看到了孩子的书面作业——抄写字词句,本以为就那么三个字、三个词和三个句子,孩子应该不会出什么错。可是,一打开本子细细查看,妈妈便懵了:抄写生字的时候,小芳将拼音抄错了,chà 抄成 shà 了,xiāng 写成 xiàng 了;抄写新词的时候,"一刹那"写成了"一刹","镶"字右面的三横写成了两横;再说抄写的三个句子,错误也是层出不穷,既有抄错字的,也有漏抄多

 轻松搞定世界上"最马虎"的小孩

抄的,如将"慢慢扩大"抄成"慢慢地扩大",将"给黑云"抄成了"给云"的。

一切都是"马虎"惹的祸!妈妈当时非常生气,但还是尽力压住自己的怒火,给小芳讲了一个故事。

1967年8月23日,苏联宇航员弗拉迪米尔·科马洛夫在完成宇航任务之后,驾驶着"联盟一号"飞船返回地球。可在接近大气层的时候,意外的事情发生了:科马洛夫发现,不管自己如何努力,他都无法打开飞船上的降落伞。这意味着,他将与飞船无法安然着陆。科马洛夫马上通过无线电与地面指挥中心取得联系,地面指挥中心采取了一切可能的措施,竭力帮助科马洛夫排除飞船上的故障。可遗憾的是,一切努力都无济于事。不得已,在征得苏共中央的同意之后,指挥中心决定将飞船着陆实况向全国人民直播。

在人生的最后两个小时,科马洛夫没有沉浸在悲伤与绝望之中,而是非常坦然地抓紧时间向地面汇报工作情况。最后,他与他的母亲、妻子和年仅12岁的女儿作最后的告别。他对女儿说:"爸爸就要走了,告诉爸爸,你长大以后要干什么工作?"女儿告诉他:"像爸爸一样,当一名宇航员。"听罢,科马洛夫热泪盈眶,他不无感慨地对女儿说:"好孩子,你真好!可是我要告诉你,请你在学习时,认真对待每一个小数点,每一个标点符号。'联盟一号'宇宙飞船今天发生的不

幸,就是因为在地面检查时,忽略了一个小数点。这件事可以叫'疏忽一个小数点酿成的悲剧'。孩子,记住这个教训吧!"七分钟之后,随着一声惊天动地的巨响,整个苏联一片沉寂,"联盟一号"飞船就这样坠毁了。

"孩子,这个故事的名字就叫作《一个小数点酿成的悲剧》。请永远记住它,要认真地学习,认真地生活,不能小看马虎,马虎要不得啊!"妈妈在讲完故事后,对小芳说道。

小芳点点头。

这个故事给小芳留下的印象很深,从那以后,她做事情开始认真、细心起来,以前的马虎毛病逐渐消失了⋯⋯

一个打动人心、让孩子印象深刻的故事,能够帮助孩子更快地改掉坏习惯。家长可以找合适的时机,多给孩子讲讲这方面的故事,相信孩子会有所改变。

轻松搞定世界上"最马虎"的小孩

感觉统合失调是造成孩子马虎的深层原因

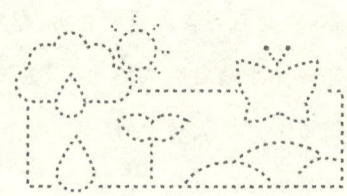

人的各种感觉系统是经由大脑分工后协调工作的。也就是说,大脑是一个车流密集的十字路口的交通指挥员,如果协调得好,道路自然是畅通无阻的。当大脑协调能力变差,道路就会混乱,塞车、走错路等情况就会发生,即感觉统合失调了。

一般来说,感觉包括触觉、运动觉、本体觉、视觉、听觉以及重力觉。大脑组织和翻译这些感觉信息的过程叫作感觉统合。感觉统合为接下来的复杂的学习和各种行为提供关键的基础。大多数孩子的感觉统合是在儿童时期日常的活动中得到发展的,但有些孩子的感觉统合由于某些原因没有得到有效的发展,就会发生失调。当该过程不尽如人意时,就会在学习、发展和行为上出现一系列的显著问题,比如家长常说的孩子难以纠正的马虎——看错字、读错行等。

感觉统合失调的孩子的"马虎",并不是孩子努力克服就可以改

变的。这需要家长耐心地帮助孩子进行一系列的统合训练,那时,孩子的马虎问题就会自然消失。

感觉统合失调的诊断

感觉统合失调存在与否,主要通过对孩子日常行为的观察或追踪孩子过去的行为表现来判断。

前庭平衡功能失常:表现为好动不安,注意力不集中,上课不专心,爱做小动作。他们比一般孩子更容易给家长添麻烦,挑三拣四,很难与其他人同乐,也很难与别人分享玩具和食物,不能考虑别人的需要。有些孩子还可能出现语言发展迟缓,如说话晚、语言表达困难等。

视觉感不良:表现为尽管能长时间地看动画片,玩电动玩具,却无法流利地阅读,经常多字少字;写字时偏旁部首颠倒,甚至不认识字,学了就忘,不会做计算,常抄错题等。

听觉感不良:表现为对别人的话听而不闻,丢三落四,经常忘记老师说的话和布置的作业等。

动作协调不良:表现为平衡能力差,容易摔倒。

本体感失调:表现为缺乏自信,消极退缩,语言表达能力差,手脚笨拙等。

触觉过分敏感：表现为易紧张、不合群、爱惹别人、偏食或暴饮暴食、脾气暴躁、害怕陌生的环境、咬指甲、爱哭等。

这些问题无疑会成为儿童学习和交往的障碍，因为这样的儿童尽管有正常或超常的智商，但由于大脑无法正常有效地工作，因而直接影响其学习和运动的完成。

需要家长注意的是，只有受过训练的观察者，才能发现孩子行为上的微妙差别，才能敏锐地发现孩子感觉统合的异常表现。家长可以带孩子到专业的医疗机构进行诊断，不要妄自判断。

感觉统合失调的原因

造成孩子感觉统合失调的原因很复杂，主要与孕育过程中的问题和出生后的抚育方式有关，例如怀孕时用药或情绪处于应激状态、早产、剖腹产等，不过这些都是孩子在孕育过程中的问题，很多时候并不是家长的主观意愿所能控制的。但是，孩子感觉统合失调除了这方面的原因，更多的原因是抚育方式的错误，比如孩子静坐多，活动少，家长过分限制孩子的活动范围，等等。

PART 1
理解家中的小马虎

有一位孩子的父亲在地质勘探队工作,常年不回家,而母亲又在纺织厂上轮班,孩子家住高楼,一个人跟着年逾花甲的奶奶生活。因此,他的生活十分机械与单调,平时除了上学,就是回家做作业或看看电视。这种封闭的生活自然使孩子接受外界感觉信息刺激的机会减少,导致了感觉统合的失调。

这个孩子是由于一个"独"字,给感觉统合能力的增强带来许多不利的因素。此外,在现实生活中,不少家长总是将成人社会的竞争意识过早地转嫁到孩子身上,从而加重了他们的心理负担,而孩子自己应有的、感兴趣的东西被非理智地和无情地压制。这个原因也是导致孩子感觉统合失调的"幕后黑手"。据报载,某地最近对 7 至 11 岁孩子的调查显示,有 90% 以上的孩子学过钢琴、电子琴以及舞蹈、美术等;但同时,调查也显示 60% 的儿童不会系鞋带,不会穿衣服,甚至连球也拍不了几下。在这样的环境中学习与生活的孩子感觉统合系统怎么会不失调?

这些问题在孩子幼年时也许不会表现出来,但到了学龄期,就会在学习能力和性格上表现出这样或那样的障碍。据调查,普通人群中,约有 10%~30% 的儿童存在不同程度的感觉统合失调,家长应及早发现孩子的这些行为问题并及时进行心理治疗训练,否则,会影响孩子的智力发育和学习能力的发展,造成孩子学习基础差、心理发育迟缓和人际关系问题，进而出现厌学、逃学、撒谎等行为问题。

❤ 感觉统合失调的治疗

正常儿童的感觉统合是7岁以前在游戏和人际交往等各种活动中自然而然完成的。对于在这一过程中完成不好出现感觉统合不良的孩子，只有进行补课——即进行感觉统合训练才能得到有效的矫治。

感觉统合训练的内容因人而异，由于每个孩子感觉统合失调的类型和程度不一样，各个孩子所进行的训练内容也就不一样。把不同的训练内容按照一定的程序和难度进行编排，在训练人员指导下儿童参与各种有针对性的活动，这对于训练取得好的效果是十分重要的。这些编排的活动对儿童能力是强有力的挑战，要求他们对感觉输入做出适当的反应，即成功的有组织的反应。所设计的活动逐渐增加对儿童的要求，使他们产生的有组织的反应更加成熟。在指导活动目标的过程中要把重点放在自动的感觉过程上，而非指导儿童如何做反应。在一个学习活动中，涉及的感觉系统越多，学习的效果越好。家长要为孩子挑选比较负责任的医生和老师，让孩子得到较好的治疗。

儿童感觉统合失调预防

无论什么疾病,再好的治疗也不如预防。只要消除导致感觉统合失调产生的原因,一般来说感觉统合失调便可以得到预防。但是,现代都市化的生活方式、飞快的生活节奏、父母双方无暇照顾孩子、拥挤的楼群和狭小的居住空间似乎是目前大部分家庭所面临的问题。因此,除立足现有条件尽量为儿童拓展活动空间之外,在儿童感觉统合的发展时期进行一些系统的、专业化的预防性干预训练活动,不仅能够防止儿童感觉统合失调的发生,而且能够促进智力和社会适应能力的健康发展,预防各种不良行为和情绪问题。

PART
2

轻松搞定小马虎的招数

PART 2
轻松搞定小马虎的招数

NO.1　有意识地对孩子进行注意力训练

训练孩子的注意力，请先营造良好的家庭氛围

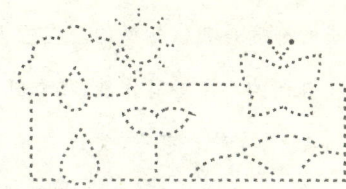

注意力不集中容易导致孩子产生马虎行为，如何训练孩子形成良好的注意力呢？好的注意力既归功于良好的天赋，也归功于父母后天的精心培养，而且后天的培养更重要。后天的培养中，首要的一点就是要给孩子提供良好的家庭氛围。当快乐是家庭情绪的主旋律，亲子关系良好，情绪、光线等干扰降到最低，孩子就拥有了良好注意力的环境基础。

♥ 营造轻松、快乐的家庭氛围

有了轻松、快乐的家庭氛围，孩子形成良好的注意力品质就有了

 轻松搞定世界上"最马虎"的小孩

一个外在的保证。

恒恒和乾乾今年都要中考,两个孩子是邻居,但是各自家长对孩子的态度是截然相反的。在恒恒家里,父母在客厅看着电视,而恒恒在自己的小屋里写作业,偶尔还会出来瞄一眼电视,但是不一会儿就回去了;在乾乾家里,父母为了不影响孩子专心写作业,不仅把电视关了,而且在儿子写作业期间到外面散步到很晚。

恒恒和乾乾他们两位谁的注意力会更集中呢?正确的答案是恒恒。

乾乾的妈妈说:"我家孩子太不自觉,从小就贪玩,上小学时一放学回家就要看电视,把作业都抛之脑后,我让他先写完作业再看,他总是爱理不理,不得已每次我都强制性地把电视关了,逼着他去写作业。但是,他写作业的时候似乎总是静不下心来,一会儿翻翻东西,一会儿来回转转,根本无心'恋'作业,逼着他做吧,他连最简单的题目都有可能因粗心出错,至今都没有改掉这个毛病。现在要中考了,我和他爸牺牲一点儿也无所谓,但是很无奈的是每次我们很晚回去,他的作业还是没有写完。唉,怎么回事啊?"

恒恒的妈妈说:"我家恒恒是个很普通的孩子,和其他所有同龄人相比没有什么过人之处,身上有很多小毛病和缺点,但是总体来说很懂事、自觉和善解人意。在我们家里,如果有什么矛盾,我们就会坐在

PART 2
轻松搞定小马虎的招数

一起讨论，拿出让双方都满意的方案。比如每次他要看电视，而我希望他写作业，这个时候，我们就会提出一个折中的办法，如果动画片马上要开始，我会让他先看，然后再写作业，但是如果离动画片开始还有一段时间，我会和他约定，他必须在这段时间内完成其中一门作业才可以看电视，看完之后可以再做另一门，每次我们都彼此退让一步，事情就解决了。现在即使我们在客厅看电视，也不会影响他在房间里写作业，因为他明白，如果他想看的话，我们会想出一个两全其美的办法。最近孩子的情绪很好，学习也很有劲头，我很开心。"

仔细回想一下，孩子小时候爱看电视是一件再正常不过的事情，恒恒和乾乾也是如此，但是正是因为他们的父母给他们所营造的家庭氛围不同，才导致了不同的结果。对于乾乾来说，妈妈总是以"为他好""要好好学习"作为借口，孩子看电视的愿望得不到满足，他心里自然会很不高兴，又怎么会专心做其他事情呢？对于恒恒来说，当他的想法和父母的要求产生冲突时，父母愿意与他共同讨论，彼此都为对方考虑，问题肯定能得到很好的解决，父母和孩子都满意。恒恒的愿望得到了满足，也能够更加专注地去学习了。和谐快乐的家庭氛围让恒恒的注意力得到提高，其心态也愈加轻松。可见，在良好家庭氛围中成长起来的孩子，集中注意力的能力一般要比生活在较差家庭氛围下的孩子好得多。

父母要为孩子树立榜样

教育的最终目的是为了让孩子完全自觉、完全独立,即教是为了不教。而孩子在家庭生活中接触最多的就是自己的父母,父母的言行举止都在孩子的脑海中留下了深刻的印象,因此,如果父母希望孩子做到什么,必须保证自己首先做到。那么,在注意力的培养方面,父母应该如何为孩子树立榜样呢?

父母先要有专心致志做事情的习惯。在实际生活中,父母对孩子所起的作用和影响不可估量。孩子就是父母的镜子,孩子行为习惯的形成很大一部分原因取决于父母。因此,父母在平时应该注意提升自己的修养,重视知识的积累,自己在做事情的时候保持专注。

小雪是个挺乖的孩子,今年上小学四年级了,学习也挺刻苦,但是成绩总是一般。小雪的妈妈通过自己的观察以及跟老师的沟通后发现,小雪在考试时总是出现粗心的毛病,尤其是数学题,不是看错,就是看漏,甚至会把已经算对的计算结果给抄错。父母和老师也多次提醒小雪要注意仔细看题,减少错误,但是效果不是很明显。

一天晚上,在小雪写作业的时候,妈妈也在旁边看书、做笔记。当小雪写完作业,发现妈妈正拿着一本电话号码本在抄,就好奇地问

PART 2
轻松搞定小马虎的招数

妈妈:"为什么要抄这个呢?"

妈妈微笑着回答她:"因为妈妈是做会计工作的,不能犯一点错误,但是如果看东西时间长了就会因为疲劳而注意力不集中,导致看错数字。为了工作的准确性,妈妈就用这个办法来训练自己提高注意力。"

"这个办法管用吗?我也总是看错数字,要不我以后做完作业之后也抄这个吧!"

"好啊!那以后妈妈和小雪一起抄这个,然后互相检查,看谁的准确率高。"

"一言为定。"

于是母女俩一起抄起了电话号码本。果然,过了一段时间,小雪粗心的毛病得到了极大的改善,成绩也一点一点提高了。小雪很开心,到现在还坚持着这个习惯。

孩子的模仿能力很强,会用他自己的眼睛观察一切。离孩子最近的就是父母,如果父母以身作则,就能够给孩子树立一个学习的良好榜样。就像小雪的妈妈,如果她不去以身示范抄电话号码本,只是要求孩子去抄,可能效果就会大不一样。在日常生活中,父母的潜移默化是非常重要的,这种身教作用有着无穷的力量。

♥ 拒绝暴力教育

有很多父母喜欢惩罚孩子或者用暴力教育孩子,他们至今仍然延续着父辈教育自己的方式,坚守着"棍棒底下出孝子"和"不打不成器"的教条。这些父母都相信孩子必须是要受点皮肉之苦才能长点记性的,他们希望通过这种方式让孩子把心用在该用的地方,把注意力集中在该集中的地方,但是事实往往是相反的,听到这话的孩子往往延续着自己的"笨拙行为"。下面我们来看一个例子:

孩子正在写作业,但是写着写着心思就不知道飞到哪里去了,呆呆地盯着窗外,手里握着的笔也停止了运动。妈妈走进来,看到儿子这个样子,勃然大怒,大吼一声:"看什么呢?"

儿子被突如其来的声音吓了一跳,看到妈妈进来,赶快回神看作业,妈妈走过来一把夺过作业本,更加愤怒:"这么久就写了这么一点!"妈妈看了一下作业,说:"居然还粗心大意错了好几题,你的心思整天都用到哪里去了?"然后把窗户一关:"我就站在这儿看着你,把心收回来,今天做不完作业不许吃饭。"

孩子看了妈妈一眼,然后准备写作业,但是过了很久都没有动一下笔。

"怎么还不写?"

"我不会……"孩子抬起头望着妈妈,呆滞的目光中带着恐惧。

妈妈这样说无非是想让孩子收心并且把注意力集中在作业上,但是从孩子的反应来看,并没有什么改善。这是因为比较激烈的话让孩子产生了恐惧,这种恐惧占据了他的整个身心,他已经没有任何空间再去容纳别的事物了,此时孩子的大脑一定是一片空白,处于茫然不知的状态,试问,他又怎么可能解答出自己的作业题呢?

其实,心不在焉、走神、漫不经心是许多粗心孩子的自然表现,出现这种情况是正常的,大多数情况下都是孩子的无意表现。但是作为父母,往往认为是孩子不专心,担心长此以往会影响孩子的学习成绩,于是就尝试着用各种方式来改变孩子的行为,包括暴力手段。但是,惩罚和暴力的方式往往只会适得其反,因为这是孩子的天性所在,逆着孩子天性的行为只会让孩子产生叛逆和抵抗心理。而且,据研究,当一个孩子处于不快乐的情绪中时,他的智力、注意力和潜能会大大降低,惩罚和暴力不能带来很好的结果,就像一个人不能在嘈杂的环境中有很好的休息一样。对于孩子的天性,父母要学会引导,让孩子在与之相适应的环境中更好地发挥自己的潜能。

教育是一项长期的投资,父母需要和孩子共同成长,学会耐心地对待孩子,不能因为一时不满意就大发雷霆,对孩子进行训斥,这就违背了自己最初的目的。

尽量减少对孩子的唠叨和训斥

刘岗正在写作业,才写到一半,妈妈就走过来,看了刘岗写的作业,脸色就变了:"心都用到哪儿去了?看这个,抄题都会粗心抄错,还有这个,3加2怎么会等于6呢?整天上学是怎么学的,上课时脑子都干吗去了?"

刘岗听到妈妈的训斥,赶快放下正在做的题目,去改正妈妈刚才提醒过自己的错误,但等改正完了,回过头来做刚才的题时,不知道该怎么下手了。

"这么简单的题都不会做啊?刚才不是都写一半了吗?你这记性怎么都差成这样了啊?"刘岗被妈妈训斥得不知道该怎么做才好。

例子中妈妈的这种行为很常见,恨铁不成钢的心态让妈妈甚至都想替孩子写作业了。那么,孩子在父母这样的训斥中是否有所好转呢?不见得。就像例子中的刘岗,成绩一直不见好转,妈妈急得像热锅上的蚂蚁,不知道该怎么办才好。

妈妈为孩子的成绩操心,认真检查孩子的作业,对孩子粗心的问题感到气愤,这种心情可以理解。但是,这样并不能改善孩子的粗心问题,相反,孩子这方面的问题反而更严重了,这是为什么呢?

原因在于孩子的大脑发育尚不完全,注意力的持久度和转移性不是很强,接受信息的能力也没有达到成年人的水平,出现粗心的问题属于正常现象。孩子每次只能处理较少的信息,在写作业时,注意力都集中在当前的题目上,而例子中的妈妈在孩子正在做题的时候,要求孩子去改正前面做错的题目,这就需要一个很好的注意力转移性,但是孩子的注意力转移性还没有达到妈妈的要求,所以会出现反应很慢的情况。当他把需要修改的题目改正完之后,再返回原来正在做的题目时,需要再进行一次注意力的转移,由于他的思路中断了,因此很难再继续下去,这也就是为什么刚才已经做了一半的题目仍然不会做的原因。

那么,该如何防止这种情况发生呢?

孩子写作业时,思路是一个连续的过程,注意力也是集中而连续的,如果这个连续的过程突然被迫中断,就会严重影响孩子的注意力。这里的中断不是指孩子自己一会儿摸摸东西,一会儿又发愣,而是指外界的干扰——即父母让孩子强制中断。比如,孩子正在专心地写作业,妈妈端着一杯牛奶走进屋子,说:"来,乖,先休息一会儿,喝杯牛奶,喝完再写。"或者是爸爸对正在写作业的孩子说:"光线这么暗,怎么写啊?把窗户打开。"……

在这样的情况下,孩子正在运行的思路被强行终止,等再次恢复

到写作业的状态时,就很难再将之前的思路连接起来。如果这样的情况发生得多了,孩子就形成了一个很不好的习惯,写作业时思路总是无法连贯下去,注意力也无法持续集中。因为以前的经历给他一种诱导——写作业的时候总会有人打断,所以即使后来没人再打断他,他写到一定阶段也会写不下去,这有点像条件反射。因此,对于父母来说,能做的就是不要随意地打断孩子,尤其是在孩子很认真地做一件事情时。这个时候,沉默就是对孩子最大的帮助。

PART 2
轻松搞定小马虎的招数

给孩子独立的空间和时间

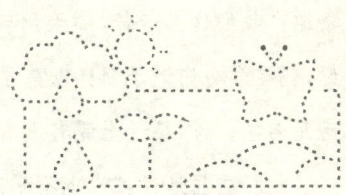

许多父母经常把孩子的注意力不集中归咎到孩子的主观原因上去,而没有认识到注意力与生活品质的关系。实际上,孩子良好的注意力并非凭空而来,需要有良好的生活环境做基础。

胡杨的成绩在班里虽然不算是最好的,但也是中等偏上水平,而胡杨的父母最近开了一个便利店,虽然算不上大,但是因为位置选得比较好,客流量比较大,所以,小生意也算是红红火火。父母两个人在忙的时候谁也顾不上照看胡杨,而且因为两个人谁都走不开,就让胡杨放学的时候直接来店里写作业,同时照看一下生意,有顾客来了也可以帮忙。从此,胡杨就开始了他"半工半读"的生涯:一边写自己的家庭作业,一边卖东西、算账。

几个月后,胡杨的父亲发现孩子的成绩明显下降了,看了看孩子的卷子后发现,好几题都是因为粗心大意丢了分数。父亲就训斥胡

杨道:"我们这么辛苦,一天到晚连家也回不了,挣钱供你读书,你倒好,现在学会偷懒了啊!以前学习中等也就算了,现在都给我降到最后几名了。说,最近上课有没有认真听讲?"

胡杨委屈地说:"我也不知道,最近不管是上课还是写作业,我总是坚持不了几分钟就不能继续下去了,我也不知道为什么。"

"我看你就知道玩,别上学了,来便利店帮忙算了。"父亲愤怒的话让胡杨的眼泪一下子流了出来。

明眼人一看就知道问题出在了哪里,孩子一边帮忙,一边学习,在这样的环境中怎么可能会学得好?但是正所谓"当局者迷,旁观者清",胡杨的父母完全把心思放在自己的小生意上,根本没有认真考虑过孩子学习的事情,完全把学习的任务推给了孩子,根本没想过环境给孩子所造成的影响,所以出了问题自然而然就把责任推到孩子的身上。

孩子认真学习需要一段独立的时间和一个独立的空间,家长应想办法满足。因为孩子的抗干扰能力弱,太容易受到外界的影响。像例子中的胡杨,经常一边学习一边照顾生意,注意力自然就无法集中起来。

或许有些父母会说,那以后专门给孩子准备一个房间,一放学就让他回到自己的房间里写作业不就行了?这未免有些简单化,独立

的空间和时间并不是这么简单的。那什么才算是独立的空间和时间呢?

💗 实体的独立空间必不可少

所谓实体的独立空间即孩子需要一个独立的房间,也就是上面所说的给孩子留一个专门的房间来学习。在这个房间里,所有的东西都是孩子自己的,父母不能把孩子的房间当成是一个储物间,将各种繁杂的东西都往孩子的房间里放。

同时,要注意孩子房间的位置不要和客厅离得太近,否则孩子一边在屋子里学习,一边听着父母在客厅看电视或者接待客人,肯定是会分心的。孩子房间的布局也很重要,如果总是乱糟糟的,他在学习的时候心情也不会好,很可能无缘无故地烦躁起来,注意力无法集中。一开始父母可以帮着孩子整理一下房间,将学习用品和生活用品分开放,并且告诉孩子拿过东西后要物归原处;再过一段时间之后,和他一起整理;最后完全由他自己整理,让他养成爱整理东西的好习惯,也让孩子学会主动改造自己周围的环境。

❤ 心理上的独立同样需要

除了一个实体的独立空间,孩子还需要心理上的独立。有些父母很喜欢帮助孩子,总是在孩子写作业的时候,什么都不干,就看着孩子一笔一画地在那里写,然后随时指出孩子的错误。但是对于孩子来说,这样做未必是最好的。有很多孩子不喜欢在自己做事情的时候一刻不停地被别人监督着,这样做会让孩子的学习效率变得很低。当然,每个人的情况都不一样,父母可以和孩子沟通一下,征求一下孩子的意见,尽量不去打扰孩子,如果孩子需要帮助的话父母再出现在孩子身边,这样不仅保证了孩子写作业时注意力的连贯性,而且可以培养孩子独立思考的习惯。

❤ "限制"孩子的学习时间

这里所说的"限制",不是说在孩子想学习的时候不让孩子学习,而是指将孩子的学习时间固定住。比如,可以规定在孩子放学后的两个小时内是孩子的写作业和学习时间,在这个时间段内,不要让孩子做学习之外的事情,一旦超出这个时间,就不许孩子再继续学习了。这样的规定是不是看起来太过于死板?作业量不是固定的,孩

子的能力也不是固定的,为什么要限制得这么死呢?可以分析一下,孩子能够保持两个小时高度集中的注意力已经非常不错了,而且在一般情况下,如果孩子做作业的时间超过了两个小时,那么只能说明两个问题,一是作业量太大,二是孩子在做作业的过程中注意力不集中,拖拖拉拉。这都需要父母去进行改善。

限制孩子的作业时间,一是为了让孩子的注意力在短时间内高度集中,提高效率;二是可以监督孩子完成作业的情况;三是为了让孩子养成一个好习惯。当然,每位父母都可以根据自己孩子的情况进行时间段的限制,不一定是两个小时,也不一定是放学后,完全可以自由安排。

保证孩子有独立的学习时间和空间,既体现了对孩子的尊重,又可以提高孩子的注意力,让孩子更有效地学习,何乐而不为呢?

轻松搞定世界上"最马虎"的小孩

把孩子周围的不良刺激和干扰降到最低

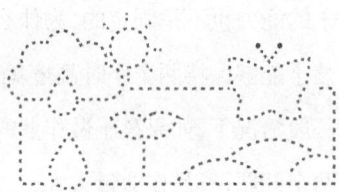

父母有责任为孩子创造一个安静的家庭氛围,减少不必要的干扰和刺激,减少刺激源,让孩子更好地集中注意力。

晶晶住在城郊的一个小区里,虽说是城郊,但是临着一条街道,一推开晶晶房间的窗户就可以看到马路上的来往车辆。这个地段虽然说不上繁华,但是每天过往的车辆还是不少的,因此每天不管什么时候,晶晶在房间里都能听到马路上嘈杂的声音。晶晶做作业时,总是会被马路上的车辆和行人的声音所吸引,所以养成了三心二意的毛病,注意力怎么都集中不起来,做事情也是粗心大意。爸爸妈妈每天都很忙,每次只是问问成绩,看到晶晶成绩下降了就训斥她,晶晶满肚子委屈地说:"我也想集中注意力嘛,但总是做不到啊!"

晶晶的苦恼很多孩子也都有过,无论怎么努力,还是会分心,被

PART 2
轻松搞定小马虎的招数

外界的事物所影响。遇到这种情况,相信孩子的父母心里更急。但是他们通常采取的是很消极的办法,即对孩子进行管制和监督,只是问题始终得不到解决。为什么孩子会分心?究竟该如何改善这种情况呢?

其实,父母对这个问题应该看得开一点,分心是任何人都有的事情,只不过成年人的控制力好一点,抗干扰能力强一点,而孩子在这方面的能力相对弱一点而已。既然孩子的注意力无法迅速提高,那么就试着改变一下孩子周围的环境吧!像晶晶一样,所处的环境不好,周围有太多杂音,而且是不间断的,在如此多的干扰和刺激下,试问晶晶能不分心吗?那么,如何减少这些不必要的干扰和刺激呢?

● 给房间做个小手术,降低听觉干扰

不间断的噪音会对孩子产生极大的影响,让其心情烦闷;而过大的噪音是一种污染,会让孩子心情烦躁、易怒、注意力无法集中。家住在市区或者临街的地方,车来车往不可避免,也无法改变,为降低噪音干扰,搬迁也不是一个最佳选择。因此,父母可以考虑从孩子的房间下手,可以既省力又省心。

首先,减少墙壁的光滑度。墙壁过于光滑会产生回声,父母可以

在墙上贴一些东西,例如孩子喜欢的海报,孩子的获奖证书等,凹凸不平的墙壁可以吸收一些回声。其次,合理地摆放家具。家具的合理摆放也可以吸收一部分回声。再次,可以多放一些装饰品。有经验的人都知道,在一个空旷的房间里说话,声音会被反射很多次,因此,可在房间里多放一些装饰品,如女孩子的房间里可以放一些毛绒玩具。这样,就可以避免声音过多地被反射而产生较大的回声了。当然,在孩子学习期间,窗户最好紧闭,减少进入房间的外界声音。

❤ 釜底抽薪,减少视觉刺激

当今社会,各种各样的新鲜事物让人目不暇接,电视、网络里到处充斥着能让人分散注意力的视觉信息,甚至连广告也会让人看上瘾。同时,玩具等物品也会吸引孩子的注意力,让孩子无法静心学习。对于这样的现状,父母需要动手帮助孩子解决问题,最好的办法就是减少刺激源。

首先,孩子的房间里不能放电视。孩子的房间是一个学习的地方,不能有太多的视觉干扰和刺激,如果孩子要看电视,就让他完成学习任务后到客厅里看,一方面可以监督孩子,避免孩子观赏一些不适合的节目;另一方面可以督促孩子,使他集中精神尽快地将学习任

务完成。

其次,孩子房间里的玩具也不要太多。过多的玩具会分散孩子的注意力,使其在写作业时不能一气呵成。同时家长对孩子的玩具也要进行管制,可以专门在孩子的房间里放一个装玩具的箱子,这个箱子是带锁的,等孩子完成作业之后父母才能打开箱子让孩子玩。或者固定一段时间让孩子玩玩具,其他时间都把箱子锁起来。严格地控制孩子的视觉刺激源,是避免注意力分散的有效方法。

❤ 父母要注意自己的生活习惯,减少对孩子的干扰

慧慧家里的生活条件很不错,各种娱乐设备应有尽有。慧慧的父母很喜欢结交朋友,经常把朋友带到家里来开个PARTY,大家在客厅里一起唱歌,谈笑风生。慧慧在自己的房间里写作业的时候就经常摆脱不了外面嘈杂声音的干扰,无法集中注意力写作业。当慧慧把这件事情告诉父母时,父母的态度却是:这都是生意上的朋友,属于正常的应酬,不可或缺,而且女孩子现在没必要这么看重学习,将来把你送到国外去读书,到了那个时候你想怎样就怎样。慧慧心里很着急,却没办法说服父母,也不知道该怎么办才好,虽然一直很努力,但是学习成绩始终没有什么大的进步。

 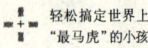

很多家长不注重孩子的需求,认为自己的事情才是最重要的,自己做什么都是必要的,孩子的事情甚至可以忽略掉。这样下去,孩子会觉得父母不再关心自己,于是自己也不愿意再努力学习了,不再追求进步。长此以往,孩子就会失去进取心,这是个很严重的问题。因此,无论父母有多忙,都要关心一下孩子的需求,像慧慧的父母那样,如果真要招待生意上的朋友,那么完全可以约朋友去外面,不一定非要在自己的家里;而且就算不在乎孩子的学习成绩,有能力供养孩子到国外读书,也不应该打击孩子求学的积极性。父母在平时要注意自己的生活习惯,做决定时要考虑到家里每个人的需要和利益,尤其是孩子的需要和利益。尽量减少对孩子的干扰,保证孩子可以专心学习。

PART 2
轻松搞定小马虎的招数

利用孩子的兴趣训练注意力

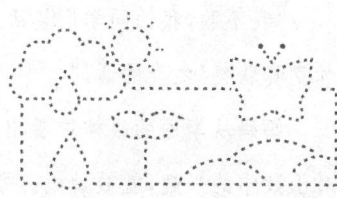

孩子在看魔术表演、动画片时，总是全神贯注、目不转睛，这是因为精彩的信息像磁铁一样紧紧地吸住了孩子大脑中的"注意力工作车间"——顶叶皮层。研究证明，注意力的引起与保持以一定的兴趣为主要条件，儿童兴趣愈广博、愈持久，就愈能引发并保持注意力。父母如果抓住了孩子的兴趣点，也就等于抓住了孩子的注意力。

李丽今年上初中二年级，数学成绩一直不怎么样，主要是由于自己粗心。但是对于一些比较难的题，李丽总是能解答出来，因为她的思维和别人有一定的差异——逆向思维和横向思维能力很强，而且对数学题有着一股钻研的精神。

有一天，李丽回到家，说："妈妈，我们今年有个数学竞赛，听说如果能得奖的话还可以在中考的时候获得额外加分呢。"

"是吗？那你也报名参加吧！"妈妈回答。

 轻松搞定世界上"最马虎"的小孩

"我不敢,我怕同学们笑话我,说一些'就凭你的数学成绩还想参加竞赛获奖'之类的话。"

妈妈从李丽的眼神中看出了她很想参加此次比赛,也了解李丽对于数学的兴趣,就鼓励她:"那是因为别人不了解你,参加竞赛又没有分数的限制,而且你解答难题的能力那么强,我相信你如果参加的话一定会取得一个好成绩的。"

"真的吗?"听到妈妈说的话后,李丽的眼中泛着光芒。

"是的,妈妈了解你,也相信你。"

"好的,我参加!"

果然不出所料,李丽在这次的数学竞赛中获得了二等奖。从此以后,她不仅对数学的兴趣有了大大的提升,粗心的毛病也得到很大程度的改善。

在这个例子中,李丽并没有明确地表达出自己想参赛的愿望,但是妈妈看穿了孩子的心思,并且鼓励她去参赛。因为妈妈了解孩子,明白她的兴趣所在,知道凭借孩子的实力,肯定会取得很好的成绩。好成绩给孩子带来的不只是荣誉,还有对学习的兴趣、注意力、信心和动力的提升。这个成绩的"副作用"波及范围很大,李丽在数学方面重拾了自信,自然会有意识地去提高注意力,改掉自己粗心的毛病。可见,善于利用孩子的兴趣所在对孩子的影响是多么大!那么,

如何更好地利用孩子的兴趣呢?

● 了解孩子的兴趣所在

如果问父母,你的孩子爱吃什么食物,爱穿什么衣服,相信每位父母都会如数家珍地回答出来。但是如果问你的孩子有哪些爱好,对什么比较感兴趣,平时都喜欢玩什么,可能就有一大部分的家长回答不上来了。

这种现象反映了一个很现实的问题,所有的父母对孩子生活上的关心和照顾都非常用心,不只用心,还兼具细心和精心,没有人比他们更了解孩子的身体状况、饮食喜好等,但是对于孩子心理上的需求,比如孩子对哪些事情感兴趣,或者爱好什么,他们却粗心得很。有的父母说孩子没有告诉过自己,也没有表现出来,但事实并非如此。孩子的身体状况和饮食喜好都可以在日常的生活中被父母观察到,那么,孩子的兴趣和爱好肯定也蕴涵在孩子的一言一行之中,只不过容易被父母忽视罢了。很多时候孩子在父母面前显现出了对音乐和绘画的喜爱甚至是天赋,但是父母视而不见,充耳不闻。

在生活中,父母要学会去捕捉孩子的兴趣点,做父母的应该相信孩子是上天赐予自己的礼物,生来就有不同的特质和能力。因此,父

母要学会欣赏孩子的差异,跟随孩子的脚步,让孩子对自己的兴趣进行自我发现,并提高孩子的注意力,发挥出他原有的天赋和潜能。

做父母的要想捕捉到孩子的兴趣点,就必须在日常的生活中保持一颗灵敏的心,首先要明确孩子的兴趣点在哪些方面最容易表现出来,找到一个突破口,有目标才能有方向。在生活中最容易表现出孩子兴趣点的就是孩子所提出的问题。有问题就表明孩子对所看到的事物感到好奇,表明他很关注这方面的事物,表明他的注意力集中在这方面。对于孩子提出的问题,父母要认真思考,想一下这是不是孩子的兴趣所在,如果是的话那再好不过,如果不是也不要紧,可以提示他去关注一下这方面的信息和内容。

除了孩子所提出的问题外,孩子的语言、动作以及眼神都会透露出孩子的兴趣所在。父母在这方面就尤其要多多注意,锻炼自己做一个有心人,培养自己的灵敏度。因为有时候父母工作忙,或者情绪低落,就有可能忽视孩子的某些言行。更有些父母因为自己在工作中受到了打击而忽略了孩子的表现,而这一次的忽略有可能就将孩子的兴趣给生生地打压下去了,如果连续几次都给孩子打击,父母很可能会失去与孩子交流的机会,孩子以后再也不会在父母面前表现自己,这个时候父母如果再想寻找孩子的兴趣点就更难了。

教会孩子自己发现兴趣

找到并且确定孩子的兴趣仅靠父母是不行的,因为孩子眼中的世界与成人世界有着太大的差异,授之以鱼不如授之以渔,教会孩子自己发现兴趣才是最好的办法,也才最有利于孩子兴趣的发展。

强烈的好奇心是孩子天生就有的,而且孩子有很多感兴趣的东西。当父母发现孩子对某些事物产生好奇感之后,就应引导孩子去认真地对该事物进行研究,要把握时机,正确引导孩子去观察,去发现。同时父母还要主动地去寻找合适的观察对象,去吸引孩子的观察兴趣,在观察的过程中,父母还要教给孩子一些常用的观察方法,让孩子学会有目的地、自主全面地、细致地观察事物。当孩子学会了观察,就会主动关注自己的兴趣所在,学会有效地利用注意力,成为一个有心人。

利用成就感巩固孩子的兴趣

楠楠今年上小学三年级,因为现在学校新开了英语课,所以学生除了学习语文和数学之外,又多了一份新鲜的添加剂。由于是刚开始学英语,因此老师一开始也很注意对学生兴趣的培养,很注意教学

方法,课堂气氛也很轻松愉悦。楠楠逐渐喜欢上了英语,一回到家就告诉爸爸妈妈今天又学了哪些单词和句子,还不停地在家里练习。难得孩子这么感兴趣,父母很高兴,于是又为孩子买了很多英语书籍,让楠楠多多学习,希望他将来当个翻译家;而且还时不时地对楠楠进行测试,看看最近是否认真学习这些书籍上的内容了。

但是过了一段时间,父母发现孩子对书上的内容似乎看得很少,因为每次问他一些句子他总是答不上来,或者是只能说出一部分。如果让孩子背单词,楠楠则会粗心大意地背错很多!父母很不高兴,就对楠楠说:"以后好好背单词,这么简单的句子都背不下来,以后怎么当翻译家啊?"

楠楠在父母的要求下开始背单词,但是仅仅背单词让楠楠感到非常无聊和枯燥,慢慢地,楠楠对英语的兴趣越来越低,甚至开始讨厌学英语了。

可以肯定地说,每个孩子都有自己的兴趣,而且有一些孩子能对自己的兴趣坚持很久。但是对于有些兴趣,如果孩子总是看不到自己的进步的话,兴趣就会逐渐减弱,甚至会导致兴趣的完全丧失。因此,让孩子建立成就感是提高孩子兴趣、增强孩子注意力的必经之路。

那么,如何通过获得成就感提升孩子的兴趣呢?

首先来分析一下成就感是如何形成的。成就感来自于比较,当现在的成绩比以前的成绩有进步时,孩子的成就感就获得了。既然听起来这么简单,那么为什么还是有很多孩子会在自己感兴趣的东西上逐渐减弱兴趣甚至丧失掉兴趣呢?因为很多孩子都感觉不到这种成就感。对于此类情况,父母可以通过以下措施来给予孩子成就感:

第一,对比孩子的成绩,让孩子自己体验到成就感。有一个实验,说的是把青蛙放进沸水里,青蛙一下子就会跳出来,但是如果把青蛙放进温水里,再把水慢慢加热,青蛙最终就会被烫死。这个实验说明了一个问题,就是动物会对突然间改变的环境做出正确、积极的反应,但是对慢慢变化的环境察觉不到。人也是如此,孩子长时间地在学习,每次即使自己取得了进步,也会感觉不到。由于无法察觉到进步,孩子觉得是在浪费时间,就慢慢地不再把注意力集中在此。因此,父母需要做一面镜子,及时让孩子发现自己的进步。

父母要不断地关注孩子的学习进展情况,做一个有心人,注意观察孩子学习过程中的变化,即使对于孩子微小的进步,也要给予鼓励。如果孩子取得了较大的进步,全家甚至可以一起庆祝一下。鼓励可以有很多方式,一句表扬的话,甚至是一个眼神都可以,关键在于及时反馈孩子的情况,让孩子明白自己的变化。

第二,适当地进行一些"欺骗"。有时候善意的谎言也是有必要的,比如孩子很喜欢下象棋,还总缠着父母下棋,这时候,父母不要完全凭借自己的实力去和孩子下棋,因为孩子毕竟是刚开始学,实力肯定很弱,如果总是输的话肯定对他的兴趣有影响。这时候父母就可以时不时地让孩子赢一盘,当然也不能让他赢得太明显,可以故意变得像是自己一时疏忽导致的失败,这样也可以趁机给孩子讲道理——什么叫"一着不慎满盘皆输",孩子就可以既因为获得成就感而保持了自己的兴趣,又学到了一些知识,一石二鸟。

成就感是孩子保持学习的动力,是提高注意力的必要条件。因此,让孩子获得成就感是保持孩子努力学习的动力所在,如果希望孩子获得源源不断的动力,那就多让孩子感受到成就感吧!

PART 2
轻松搞定小马虎的招数

避免零食对孩子注意力的干扰

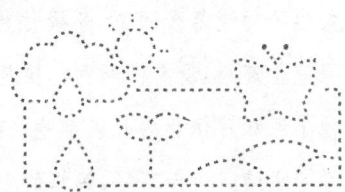

吃零食也会影响孩子的注意力?没错!

小杰以前学习成绩还挺不错,但是自从上了小学六年级之后成绩就下降了。他似乎总是吃不饱饭,每顿饭吃完后过一会儿总要抓些零食来吃,这个习惯形成之后就一直改不掉了,在家里吃,去学校也吃,看电视的时候吃,写作业的时候也吃。据小杰的老师反映说:"小杰有时候甚至上课还偷偷地吃零食,注意力都放到如何不被老师发现上了,根本听不进去老师讲的内容,做作业时粗心大意,错误百出,有时候突然让他站起来回答问题,他的嘴里还塞着东西呢。问他怎么回事,他只说是自己饿了。这孩子平时也挺乖的,不像是个会撒谎或者故意捣乱的孩子,怎么回事呢?难道是在家里没吃饱吗?"

妈妈也很纳闷,不会啊!平时他总是吃得饱饱的,让他再吃点,他说吃不下去了,但是过不了两个小时,他又开始不停地吃零食。妈

妈也不知道怎么回事,怀疑他得了什么病,就到医院检查了一下,结果完全健康,没有问题啊!要是这个习惯没什么影响也就算了,但是他上课和写作业的时候都吃,课也听不进去,作业也写不好,看着他学习成绩一天天下降,妈妈的心里那个急啊!

那么小杰这种情况究竟是怎么回事呢?据专家讲,孩子出现这种情况实属正常,因为孩子处于发育期,每天的活动量很大,身体需要的能量也突然间增多,但是他们小小的胃一次无法承受太多的负担,每次吃饭时吃得饱饱的只是把胃给撑满了,并没有将身体所需的能量一次性地提供完全,因此依靠每天的三餐饭无法保证他们身体所需的所有能量,适宜的零食也就变得格外重要了。

虽然这种情况是正常的,但是在家长们看来,这还是个不好的习惯,因为它毕竟影响了孩子的注意力,使孩子形成了不良的生活、学习习惯,这不是父母希望看到的结果。

那么,该如何平衡两者的关系,既让孩子吃得足够饱能提供身体所需能量,又能避免零食对孩子注意力的干扰呢?

给孩子提供体积小但是含能量较多的食物

既然孩子的胃是有限的,那么也就意味着孩子所能吃下的食物

体积是一定的,因此就需要一些体积小,但含更多能量的食物。比如,同样体积的蔬菜、蛋类和肉类食物,肉类所提供的能量就要远远大于蔬菜所能提供的能量。因此,父母在做正餐时,要考虑到孩子对能量的需求,尽量给孩子提供体积小但是含能量多的食物,但同时也要注意孩子的营养均衡问题,不能为了给孩子提供足够能量而只让孩子吃肉,这样易引发一些不良反应,得不偿失。

❤ 吃零食也要选择时间

零食毕竟是零食,只是正餐的补充,如果取代了正餐就失去了意义。因此,要选择合适的时间吃零食,至少是在正餐前一个半小时,这样可以避免孩子吃完零食后不愿意吃饭了,毕竟零食提供的能量是无法和正餐相提并论的。同时,在正餐之前让孩子吃一些富含蛋白质的食物,如奶酪、花生酱等,也可以为孩子提供更多的能量。

❤ 吃零食还要选择地点

很多人都会在看电影或看电视时吃零食,但是这个习惯对于孩子来讲不好,因为大人是为了消遣,孩子如果也这样,一是可能吃个

不停,没有节制,胃承受不了;二是这样容易分散注意力。因此,如果吃零食,就要选择没有电视干扰的地方尽快吃完,然后再去看电视。另外,尽量不要让孩子在学校吃零食,这一方面会将课桌弄得脏乱不堪,另一方面在学校孩子没人监督,更加不会控制自己,很可能影响孩子的学习,因此要严格控制给孩子零花钱的数量。

用榜样的力量带动孩子

有些父母也很喜欢吃零食,影响了孩子,却要求孩子养成良好的饮食习惯。这样不好,孩子会不服气,而且会跟父母学,父母不可能24小时监视孩子,但是榜样的力量可以持续很久,因此,父母要从自身做起,不乱吃零食。

让孩子学会自我监督、自我控制

孩子最擅长找东西吃了,每个孩子都有过翻箱倒柜找东西吃的经历。这个时候父母要去提醒孩子控制住自己不要乱吃零食,同时尽量把薯片、棒棒糖等零食藏起来,而将水果等有营养的食物放在能看到的地方,并时刻监督孩子。

选择有益于提高注意力的零食

不要一想到零食就是薯片、棒棒糖之类的东西,其实很多食物都可以充当零食。因此,选择零食时不要因循守旧,非要到超市去买。一个煮鸡蛋、一块抹上奶酪的玉米饼都可以当作孩子的零食。另外,家长还可以选择富含以下几种有益于提高孩子注意力的成分的食物:

第一,胆碱。胆碱属于B族维生素中的一种,有助于大脑发挥其最佳功能。富含胆碱的食物包括动物肝脏、甘蓝、菜花、鱼子酱、鸡蛋、小扁豆和豆类产品。

第二,多巴胺。多巴胺是形成和保持记忆所必需的一种成分,它也是一种神经传导素。形成多巴胺需要维生素B3和铁,富含维生素B3的食物有南瓜子和花生等,富含铁的食物有牛的肝脏、杏(特别是干杏)、胡桃和葡萄干等。

第三,B族维生素。保持注意力和记忆力需要复合B族维生素。B族维生素对于产生细胞——特别是脑细胞非常重要。缺乏这些B族维生素将导致记忆力下降、注意力不集中、学习能力低下。富含B族维生素的食物包括鸡肉、羽衣甘蓝、燕麦片、大豆、鱼和马铃薯。

同时,还有些食物对注意力的提高有很大作用。营养学专家研究发现,日常生活中有一些食品,虽廉价又普通,却有助于补脑益智。以下几种食品就对大脑十分有益:

第一,豆制品。豆制品含有多种人体所必需的氨基酸以及优质蛋白质,有助于增强脑血管的机能。另外,豆制品还含有能增强脑部活力,延缓脑细胞老化的卵磷脂、维生素及其他矿物质。多吃豆制品,脑部活力能得到增强,注意力自然就会得到改善。

第二,牛奶。牛奶中富含蛋白质、钙和人体所必需的氨基酸,而且牛奶中所含的钙相对于其他含钙食品来说更易被人体吸收。此外,牛奶中还含维生素 B。这种维生素可以为葡萄糖更好地转化发挥作用,能够提高血糖浓度,供给大脑足够的能量,使大脑"有力气"集中注意力。

第三,小米。我们知道,一个心情烦躁的人很难集中注意力,而晚餐喝些小米粥,可使人心绪平和,心绪平和的人更容易集中注意力,认知能力水平也较高。因此平时常吃小米类的主食,如小米粥、小米饭等,也有益于脑的保健。

第四,鱼类。鱼肉脂肪中含有有助于健脑的欧米伽3脂肪酸,这种脂肪酸对神经具有保护作用。吃鱼还有助于加强神经细胞的活动,从而提高学习和记忆能力。同时,鱼脑中的不饱和脂肪酸可以降

低升糖指数,使大脑能量稳定供给,保证注意力的延续性。

第五,鸡蛋。说到蛋白质,几乎每个人都会想到鸡蛋。鸡蛋中所含的蛋白质是日常食物中含有的最优良的蛋白质之一,而且人体所需的氨基酸都可以通过吃鸡蛋获得。同时,国外研究证明,每天吃两个鸡蛋就可以向机体供给足够的胆碱,对保护大脑、提高注意力和记忆力大有好处。

第六,水果。很多孩子因为接受能力有限,跟不上老师的思路,从而无法集中注意力。研究表明,香蕉可向大脑提供重要的物质——酪氨酸,而酪氨酸可使人精力充沛、注意力集中,并能提高人的创造能力;菠萝含有很多维生素C和微量元素锰,而且热量少,常吃有生津、提神的作用,也是能够提高人的注意力和记忆力的水果。据统计,很多音乐家和演员最喜欢吃的水果就是菠萝,因为他们要背诵大量的乐谱、歌词和台词,而且需要在舞台上保持注意力的高度集中,所以当看到他们精湛的技艺时,不要忘记菠萝的功劳哦!

第七,核桃和芝麻。有些孩子会因为大脑过度兴奋而导致神经紧张,或者大脑过度疲劳而导致注意力的稳定性不高。研究发现,核桃中含有大量的维生素,可以松弛脑神经的紧张状态,消除大脑疲劳,从而提高孩子注意力的稳定性。核桃和芝麻营养丰富,富含不饱和脂肪酸,常吃可为大脑提供充足的不饱和脂肪酸,而不饱和脂肪酸

又可以排除血管杂质,提高大脑功能。

第八,花生。记忆力差也是导致注意力不集中的原因之一。常食花生可增强记忆、延缓衰老、改善血液循环,而且花生所含的卵磷脂和脑磷脂,能抑制血小板凝集,防止脑血栓的形成,延缓脑功能衰退。

第九,玉米。玉米中含谷氨酸较高,能帮助促进脑细胞代谢,使大脑时刻处于最佳状态,不仅有利于注意力的集中,而且常吃玉米尤其是鲜玉米,具有健脑作用。

PART 2
轻松搞定小马虎的招数

有趣的注意力训练法

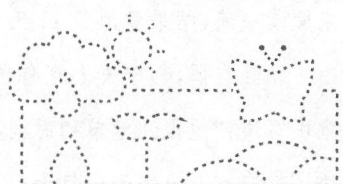

就像学习游泳就必须要下水训练一样，要让提高注意力的方法真正发挥作用，也需要对孩子进行相应的训练。聪明的父母可以通过掌握一些简单、科学、经典的注意力训练方法，并且将其同能够引起孩子兴趣的游戏结合起来，使孩子既能尽情欢乐地玩耍，又能有效提升注意力。

❤ 阅读训练法

发明大王爱迪生在研究打字机的时候，有一次和制造商们约好某一天把各种打字机的样品送过来，但直到客人们来的前一天晚上，爱迪生才集中精力把所有相关的书籍都借来读了一遍。到了第二天，客人们带着各式各样的打字机出现的时候，爱迪生谈得头头是道，举座皆惊。事后，爱迪生的助手把那天晚上爱迪生读过的书都借

来阅读一遍,结果竟用了11天才读完。

无独有偶,列宁夫人克鲁普斯卡娅女士曾在一篇回忆丈夫的文章中写道:"他很注意节约时间,阅读时非常聚精会神,所以他读得很快。"列宁看书习惯于一目十行,迅速抓住整段整页的意思。他在《列宁全集》中引用自己看过的书竟达16000多册。其中他在研究"帝国主义"这个专题时,就读了148本书以及49种期刊中的232篇文章,并写下60多万字的札记。列宁这样的能力当然有着超强注意力在保证。

一目十行、过目成诵是很多优秀人物共有的一个特点,例如,中国古代张衡就有"一览便知"的本领,《后汉书·张衡传》中描写道:"吾虽一览,犹能识之。"这并不是说这些人拥有特异功能,而是他们在阅读时能够集中全部注意力,百分百投入,这也就是传说当中的"全脑阅读"。

当然,事物都是相辅相成的,全神贯注能够提升阅读效率,而阅读也可以反过来提升注意力的集中程度。毛泽东少年时代通过在闹市读书的方法来训练自己的注意力正是这个道理。

如何让孩子们在读书过程中获得注意力的提升,家长可借鉴的方式如下:

方式一:复述游戏。陪孩子一起阅读故事,读完后让孩子复述故

事的内容,细节复述得越详细,证明孩子读书时注意力集中的程度越高。当孩子复述得越来越完整的时候,家长会误以为孩子记忆力增强了,实际上是孩子在阅读时注意力提升的表现。

方式二:提问游戏。玩过复述游戏后,家长还可以针对故事内容提一些刁钻但并不讨厌的问题,例如某个人物出场时是否戴了帽子之类。其实这跟课堂提问在本质上是一个把戏,但如果家长用玩耍的方式进行,效果通常会有天壤之别。

方式三:干扰游戏。爸爸和孩子可以同时读两本不同的书,在读的过程中,看谁更容易受干扰出错,妈妈负责记录。出错多的一方当然注意力表现不好,久而久之,孩子的抗干扰能力就会有明显提升。

凝神训练法

所谓的凝神,是指精神高度集中,凝神沉思,专心做一件事情。换句话说,这是注意力集中的最佳状态。

德国古典哲学创始人康德先生,每天起床后都有一个习惯:凝神注视窗外花草树木30分钟。这样可以让涣散的注意力集中起来,以便思考那些高深的哲学问题。所以,有时候人们会说康德在发呆,但他的朋友们知道,那不是在发呆,而是最投入地在思考。

如何通过凝神训练法来提升孩子的注意力呢?

方式一:不能动的游戏。家长和孩子挺胸抬头站在镜子面前(没有镜子就看玻璃,没有玻璃就看墙上的一个红点也行),将呼吸调节至深而平缓,双手自然下垂,凝神和镜子中的自己对视,并保持身体各部位不动,谁能坚持得久,谁就赢得这个游戏的胜利。

方式二:想象凝神训练。在视野内寻找一个对象,例如盯住前方的墙壁或者书桌,在大脑中想象有一个黄色的三角形,然后盯住;过一会儿,想象三角形变换成一个红色的圆形,继续盯住;再过一会儿,想象圆形又变成绿色的正方形。如此反复,心神自然凝聚,这时开始进行学习,注意力也会高度集中。因此,这个训练方式适合孩子在学习前进行。

❤ 橱窗训练法

在电影《无间道》的开始部分有这样一个片段:

叶长官问陈永仁:"27149,10分钟前你进来过,我桌上有几个档案夹?"

陈永仁答:"6个,4个米色在左边,1个红色和1个白色在右边,

长官。"

黄警官接着问:"你觉得我这个人怎么样?"

陈永仁答:"对不起,长官,不清楚,不过长官今天早上应该很匆忙,因为你穿了不同的袜子。"

看过这部电影的人都知道,这是陈永仁成为卧底的一个重要面试,而这个面试主要内容指的正是注意广度,也叫注意范围。简单地说,就是在同一时间内所能清楚把握对象的数量,即一眼看到更多的东西,并且能够熟记于心。一个注意广度比较高的孩子,不仅在考试中的答题速度会比普通孩子快,而且正确率高。所以,很多母亲把注意广度作为孩子注意力训练的重要内容之一。"橱窗训练法",正是注意广度训练的一个经典方法。

所谓"橱窗训练法",就是让孩子站在橱窗面前快速地看15至30秒钟后,转身说出橱窗里所摆设的商品。这个训练方法最早是由斯托纳夫人与女儿小维尼弗里德所做的一个游戏,每当散步或者购物经过橱窗的时候,母女俩就会站在橱窗前玩这个游戏,橱窗里不断变换的商品总能提供一些意外的乐趣,并让小女儿乐此不疲。

经过这样的训练,父母们就会发现孩子能够在短时间内记住扫视过的很多东西,或者说能够最大化地记忆出现在视野中的一切事物,包括很多细节。这是注意力高度集中的表现。运用在学习上,这

种品质会让孩子能够比较全面地思考问题,不像普通孩子那样容易出现遗漏。

在城市当中,我们周围布满了漂亮的橱窗,如果把这些橱窗开发成与孩子一起玩的注意力游戏,那将是丰富生活的不错选择。即使没有橱窗,我们依然可以借鉴这种方法。

例如"猜物游戏":把孩子喜欢的玩具或者学习用品摆出来,积木、汽车、布娃娃、削笔刀……让孩子观察几秒钟,等孩子闭上眼睛后悄悄将其中一件或几件物品偷偷藏起来,让孩子睁开眼睛后说出哪些东西不见了。

这个游戏要求孩子在观察时,能够迅速地注意到多个物品,从而锻炼孩子的注意广度,进而提高注意力。家长们需要注意的是,玩这个游戏要根据孩子的年龄及个体差异来掌握呈现物品的多少、观察时间的长短和拿走物品的多少,年龄大点的孩子可以提高难度,年龄小一些的孩子则适当降低难度,以保护他们参与游戏的积极性。

鹰眼训练法

为了躲避天敌,兔子总是小心地躲藏在草丛之中,两只长耳朵警觉地注意着周围的风吹草动。3000米高空之上,一只雄鹰突然以雷霆之速发起冲刺!兔子颤抖了一下,立刻跳动,在草丛中画出无数个

"Z"字。然而,无论它怎样调整策略和奔跑路线,都无法逃脱雄鹰那双锐利的眼睛,那双刀锋般的铁爪总是在某个点等着它。兔子拼命地逃跑,但一切都来不及了。

雄鹰得到了美味的午餐,心满意足地翱翔在崖壁之间。有幸活下来的兔子必须懂得:比起那双锋利的铁爪,雄鹰那双洞察一切的眼睛更加致命。

在自然界中,鹰的眼睛几乎是无可匹敌的,它能够在十公里外察觉猎物的一举一动,而且只要确定目标,就会一刻不松,冲刺滑翔几千米进行追逐,无论兔子多么聪明,拥有多少生存技巧,都难以逃脱。美国社会学家史密斯先生曾经有过一个有趣的说法:如果人类能够具备鹰那样排除一切干扰,全神贯注直达目标的追逐精神,那人类文明将会走出斑马线那样笔直的道路。

"鹰眼训练法"在生活中非常容易实施,它有两个基本要点:第一是视觉追逐,第二是视觉发现。这就如同鹰扑兔和鹰发现兔两个不同的程序一样,但对于注意力的提升都有相应的帮助。因为只有在注意力高度集中的情况下,才能准确地发现,然后才是锲而不舍地追逐。因此,"鹰眼训练法"也有两个层次的训练。

其一,视觉追逐训练。这非常容易,比如追逐一只在风中飘摇的羽毛、水族箱中穿梭往来的凤尾鱼、公园里猴山上的一只小猴,等等。

有父母的引导,孩子对这种游戏参与的积极性会比较高,而且除了可以提高注意力外还能收获一双水汪汪的大眼睛,可谓一举两得。

其二,视觉发现训练。这同样也不难,比如外出的时候父母和孩子比谁看到的狗多,每当发现一只狗,就喊出"这一只狗",如果刚好天气不错,狗儿们都活跃在草坪上,孩子们就会非常兴奋地"这一只狗"接着"这一只狗"数下去,能够发现很多只狗。如果居住的小区不容易见到狗,也可以换成穿白衣服的行人或者某个品牌的汽车。

多米诺骨牌训练法

小兰今年上小学四年级,是个很爱学习的孩子,但是有一个很大的毛病:在语文方面,她对长篇的阅读题总是匆匆浏览一遍就开始答题,因为看得过于匆忙,所以总是不能深刻地领会文章的意思,自然也就不能考出一个很好的成绩了。妈妈说:"小兰这孩子从小就缺乏耐心,不愿意长时间地做一件事情,总是变来变去的,甚至在看电视的时候,一个频道看久了就要换到另一个频道。现在的功课比较简单,她这样的行为暂时没有什么影响,但是到了初中、高中时那可怎么办啊!"妈妈很是担忧。

注意力的品质表现为五个方面,分别是注意的集中性、注意的稳

定性、注意的范围、注意的转移、注意的分配。小兰这种情况，属于注意力指向分散，意识缺乏紧张感，思维不固定，易被其他东西吸引，这是典型的注意力的稳定性低。

　　针对孩子这样的情况，就要训练孩子的耐性，让注意力长时间地集中在同一个事情上。有哪些锻炼可以达到这样的效果呢？在这里给家长推荐一种方法——多米诺骨牌训练法。

　　多米诺骨牌游戏对孩子注意力的集中能起到很大的促进效果，一方面可以让孩子的耐心得到锻炼，另一方面可以挑战孩子在单调枯燥的事件中的韧性。有很多孩子在排骨牌的过程中没有掌握技巧，顺着把一个一个的骨牌按顺序排好，结果不小心碰倒一个，接着因为连锁反应导致所有的骨牌都倒了。孩子看到自己的努力功亏一篑肯定是怒火中烧，不愿意再坚持下去，这时候父母要教孩子一些小技巧。既然多米诺骨牌的原理是连锁反应，那么要解决问题就要打破它的连锁反应，在排放骨牌的过程中，每隔一段留一个较大的间距，避免碰到一个之后将所有的都碰倒。

　　当孩子对这个游戏有了一定的经验之后，要给他增加难度，比如在他排放骨牌的过程中给予他一定的干扰，或者打断他的思路，或者突然大声说话，但是要把握限度，不可碰到孩子的身体，更不可直接推倒骨牌，因为你要做的是干扰，而不是破坏。如果孩子在家长的干

扰下依然可以很完美地完成任务,那么不仅说明孩子的注意力已经可以及格了,而且可以得高分。

有很多注意力难以集中的孩子,通过多米诺骨牌的游戏锻炼了耐心。这个游戏最大的价值在于挑战孩子能将单一的动作坚持多久的能力,因为在孩子的学习及其将来的生活和工作中,并非每一件事都是很有趣的,要面临很多单调的事情。经过多米诺骨牌训练,孩子在遇到单调的情况时可以坚持更久的时间,而解决问题时的快乐就像把N个骨牌瞬间推倒时的感觉一样,对孩子来说是一种极大的鼓励。

NO.2 帮助孩子消除不良情绪

改变孩子的抑郁气质，让孩子开朗乐观

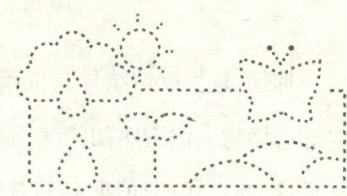

情绪的好坏和稳定程度，在很多情况下都会影响孩子做事的专心程度，粗心、马虎往往伴随着不良情绪而来。

豆豆虽然已经读初二了，但还是非常爱哭，爸爸妈妈语气稍微重一点，她就会一个人难过半天。更要命的是，一旦她情绪低落，就容易沉浸在自己的情绪里，做事粗心大意，丢三落四。老师在课堂上提问题时，她经常是要么答非所问，要么说不清楚，被老师批评后，总是找地方独自默默流泪，情绪更加低落。

很明显，豆豆是一个性格内向的孩子，并伴有一点胆怯、抑郁。面对这样的孩子，家长通常会很着急，如何让怯懦抑郁气质的孩子变得开朗乐观呢？

找到孩子抑郁的原因

抑郁,是指以情绪异常低落为主要临床表现的心理障碍。抑郁时的心境与人们所熟知的悲伤相似,但较持久。抑郁症患者轻则情绪低落,整日忧心忡忡,愁眉苦脸,唉声叹气;重则忧郁沮丧,悲观绝望,患者自我评价甚低,常感到度日如年,生不如死。抑郁症是一种相当常见的现象,据世界卫生组织发布的报告,全世界抑郁症患者已达两亿多,抑郁症已成为21世纪的流行病。近年来,孩子中的抑郁症发病率日益上升,许多孩子由于患抑郁症而吸毒、自杀。

生理学家巴甫洛夫曾说过:"一切顽固沉重的忧恼和焦虑,给各种疾病打开了方便之门。"现代医学已经证明,神经官能症、结肠炎、溃疡病以及腹痛、腹泻等多种消化系统疾病与情绪状态抑郁的关系极大。过度的抑郁情绪会通过下丘脑、脑垂体及植物性神经系统,引起身体各种器官和内部活动的变化。一些临床资料表明,患癌症的人大多有情绪危机的历史,或长期处于抑郁、压抑、焦虑等不良情绪之中。可见,抑郁这种消极的情绪对人的身心健康是极有害的。

抑郁这种不正常状态并不是无因之果,孩子产生抑郁情绪,父母总是可以找到它的元凶的。下面就是心理专家对造成孩子抑郁的各

种因素的分析：

第一，社会心理因素。社会心理因素是造成孩子产生抑郁情绪的最普遍的原因。诸如学习困难或失败、人际关系矛盾、在校的种种不如意、家庭气氛不和谐、父母对孩子的忽视与限制、本人身体状况持续不佳以及各种负面生活事件等，均可造成孩子的挫折感和失落感，成为抑郁症发病的动因。对于大多数患抑郁症的孩子来说，这些因素的存在较持久，至少有一到两年。

第二，人格发展缺陷。缺乏自信、消极悲观、内向多思、易于伤感、孤僻退缩等是这类孩子的共同特点。他们外表平静，但内心情绪波动很大，耐受力极弱，总是从消极的一面评价事物和自身，仿佛戴着灰色眼镜在看世界。如果从他们的经历中看不出什么外部原因，便可认定为是由人格发展缺陷所致。这种孩子，虽然外部影响的原因不明，但其人格发展的缺陷还是与他所生活的环境、所接触的人有着非常直接的关系。

第三，精神刺激。精神刺激是造成孩子产生抑郁情绪的最显著原因。有的患者在抑郁问题发生前有明显的精神诱因，如疼爱自己的亲人突然死亡，自己受到意外伤害，或突患重病而必须离开父母去住院等。这类孩子此前情绪正常，仅在精神诱因出现后才突然呈现明显的抑郁情绪问题。心理专家称这类孩子的抑郁为"急性抑郁"。

预防孩子抑郁症的发生

专家指出,如果家长能按照下列要求去做,是完全可以预防孩子抑郁症的发生的。

第一,父母自身的素质要提高。做父母的,不能仅仅因为给了孩子生命就心安理得地做父母,父母需要通过学习改变自己不合理、不科学的家庭教育理念和方法,改善亲子之间的沟通,密切和孩子的情感联结,使孩子的内心感到温暖、安全,这是预防抑郁症及所有精神障碍的最重要的措施。

第二,注重孩子独立性和生活能力的培养。父母不要总是要求孩子听话,习惯于听话的孩子,综合素质、生活能力和独立性得不到发展,个性不健全,社会适应能力差。如果在生活或交往中遇到挫折,他们就容易产生抑郁情绪。因此,父母要尽早培养孩子的独立性和生活能力,这样才能使他们不断增强自己的自信心和抗抑郁能力。

第三,把情绪处理纳入家庭教育的范畴。如今社会竞争激烈,充满了变化和挑战,如果不会调节和处理负面情绪,就无法在社会中立足、生存,所以情绪处理应该纳入家庭教育的范畴,而且应该受到应有的重视,这样才能培养出智商和情商均衡发展的孩子。

帮助孩子摆脱抑郁的困扰

预防是对孩子的最好保护,但是,如果孩子已经患了抑郁症,父母应如何采取措施,使他们尽快摆脱抑郁的困扰呢?心理专家指出:对患抑郁症的孩子,应以心理治疗为主,通常采用较规范的认知疗法,必要时辅以抗抑郁药物。

第一,心理咨询。心理咨询是矫治孩子抑郁症的第一步,一般不太严重的抑郁情绪,通过咨询老师的开导和疏解,大多能够得到纠正。家长要积极配合咨询老师,启发孩子发现挫折中的积极因素和自己的才能,使自卑、有失败感的孩子,发现自身的优点与才能,从而得到鼓舞,纠正以前对事物的态度和评价。家长也可鼓励孩子去做一两件具体的事情:如因受同学关系困扰而导致抑郁的孩子,可让他们去进行一些助人活动;因师生矛盾而导致抑郁的孩子,可鼓励他们直接或书面向老师表达自己真实的感受,取得相互理解;对学习失败的孩子,可根据他们某方面的长处,设计一些事情,让他们获得成功的体验。

第二,认知疗法。有专家设计了一些认知疗法用于治疗抑郁症,效果较好。家长可依照以下方法结合孩子的特点,循序进行:

首先,帮助孩子制订每日活动计划和进行活动评估。患抑郁症的

孩子缺乏动机,情绪苦闷,活动少且被动。他们也试图改变自己,但往往只想不做,所以引导他们活动起来非常重要,只有通过活动,才可能取得成功,看到光明。由于孩子每天都要上课,最初的活动计划可从作息时间、生活安排入手,逐渐增加活动量和复杂性,如早晨何时起床、锻炼,课间必须到室外参与同学间的共同活动,直到学习安排等。计划可以用表格的形式列出来,内容要具体、可操作。最初家长可和孩子共同商定计划,但要尽量让孩子感到计划是自己制订的,逐渐过渡到由孩子独立制订计划。计划制订之后,要每天晚上记录完成情况,并对完成每件事的愉快程度作出评定,评定可采用五级计分。

其次,认知重建与转换。严重的自卑感是患抑郁症的孩子的共同特点,他们的自我挫败情绪和行为往往与对问题的错误信条、评价有关。认知重建和转换治疗就是要帮助他们改变错误的信条和评价,以新的方式来应付心理和环境问题,包括"分析——对抗和重建——转换"三个步骤。

分析就是将导致抑郁等不良情绪的认知逐条列出,分析归类,如"我总是失败,这次考试又考砸了,我真无能,什么也做不好""没有人看得起我,我在班级、家里都可有可无""我的自卑是无法避免的,无论怎样做都无法改变现状"等。

对抗和重建的目的是使孩子领悟到这些认知是缺乏现实基础

PART 2
轻松搞定小马虎的招数

的、错误的，正是这些错误的认知而不是自己的实际遭遇导致自己的自卑、抑郁。对抗就是由孩子对列出的错误认知逐条提出挑战，进行自我辩论；重建就是以新的符合实际的认知代替旧认知。家长可就一条错误认知和孩子讨论，启发他们自我辩论，然后以家庭作业的形式布置给孩子进行自我练习。家庭作业可采用三段技术，以便孩子操作(见下表)。

错误认知	认知歪曲	合理认知
我总是失败，这次又考砸了，什么也做不好	以偏概全，非此即彼	一件事不成功只能说明一次特定的失败，但不能否定我的全部。我以前就考过高分，而且我还有其他方面的长处，我的成功与否不是一件事能决定的
我无法改变，做任何事都于事无补	先入为主，消极暗示	在没有真正行动之前就预言要失败，我的失败正是这种先入为主的消极暗示的结果。事实上是自己没有努力地去做一件事或目标不当；只要确立正确的目标并努力去做，就会有成绩

转换是在前一阶段的基础上,根据新的认知换一种方式来应付具体的心理与环境问题。在认知重构的基础上,鼓励患抑郁症的孩子去练习与实践新的适应方式,会使他们惊奇地发现蕴藏在自己身上的诸多潜能,发现自己实际上是能应对各种挑战的。

再次,角色扮演。患抑郁症的孩子有强烈的无助感,这和他们总是把自己放在被动的受助地位上有关。家长可鼓励患抑郁症的孩子参加学生心理咨询实践,让他们作为咨询"专家"为孩子服务,如接听咨询电话、回答咨询信件等。孩子在试图疏导其他同学的时候,不仅可以发现自己过去许多认知的错误,而且自己所提供的解决方法自己也会实施,更重要的是通过助人,他们可以发现自己的价值。

第三,药物治疗。适量的三环类抗抑郁剂,对改善情绪低落状态效果较好。但三环类药物有一定副作用,而且常常先于疗效出现,服用者往往因副作用而影响情绪,从而不能坚持服药,影响疗效。对于情绪严重低落的孩子可在医生指导下服用药物,但应事先告知孩子治疗中有副作用,令其有心理准备。

PART 2
轻松搞定小马虎的招数

协助孩子摆脱挫折情绪的困扰

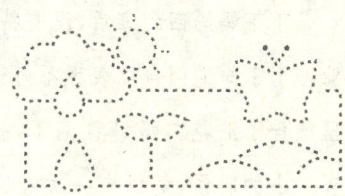

挫折是人们在有目的、有意识的活动中遇到无法克服或自以为无法克服的障碍或干扰,其需要或动机不能得到满足时而产生的紧张、沮丧、悲观等情绪反应。人的一生都会遇到一定的困难和挫折,尤其是孩子,由于受到身心发展水平的制约,能力十分有限,缺乏经历和经验,更容易遭受失败和挫折。在成年人看来是很小的一次失败,对于孩子来说可能是一次不小的危机。

因为小白和丁丁成绩不好,老师约谈了他们的家长。两位妈妈同老师交流后,都表示会配合学校安排,帮助孩子们提高成绩。

回家后,小白的妈妈责备小白:"你怎么这么笨,那么简单的题目都能粗心做错!"小白知道自己没做好,虽然有点委屈,但还是老实地温习功课做作业。小白妈妈见小白不吭气,就命令小白把错误的题目重新做三遍,然后交给她看。

丁丁妈妈回到家后,没有特别提成绩的事情,只是陪着孩子做作业。丁丁知道因自己表现不好让妈妈丢脸,心理非常难过,忍不住眼里就含了泪花。妈妈看见了,就对丁丁说:"丁丁,妈妈给你讲个故事。小的时候,妈妈有一次考试考了全班倒数第一,吓得不敢回家,害得你姥姥和你舅舅找了半个村子。后来还是你舅舅多嘴,把成绩的事儿告诉了你姥姥,我以为她会很生气,谁知道她不但不生气,第二天还专门给我做了荷包蛋吃,说吃了荷包蛋一定考100分。你舅舅嘴馋,可是你姥姥硬是没给他吃。结果你猜怎么样了?妈妈真就考了100分。所以啊,在咱们家,你姥姥是最厉害的,妈妈得向她学习。"丁丁妈妈第二天给丁丁做了他最喜欢吃的鱼茸豆腐。

结果可想而知,丁丁的成绩很快就有了起色;而小白却变得越来越冷漠、好斗,上课也不好好学习,完全是一副自暴自弃的样子,老师怎么教育都不管用。

两位父母对孩子挫折情绪的不同处理态度,导致了两种截然不同的结果。孩子没有考好、跟同学关系紧张,或者在某方面没有表现好等,本身就遭受了挫折,这时最需要的是父母的帮助和安慰,这正是体现父母智慧的时候。然而,有的父母却不晓得这时候拉孩子一把的重要性,反而一手将孩子推到情绪低谷里去,使其不得翻身。

明白孩子遭受挫折的原因

在家庭中,帮助孩子摆脱挫折情绪,首先要搞明白孩子遭受挫折的原因。当父母发现孩子有点闷闷不乐、情绪不对的时候,找到原因是解决问题的关键。假如孩子性格内向不善言辞,家长就要多一些耐心,无论采用什么样的方法,一定要把孩子的心里话"套"出来。

平静面对孩子的挫折

当孩子遇到挫折、出现错误时,作为家长一定要平静地做出反应,要以肯定、鼓励的方式引导孩子。人在平静、轻松的时候最容易解决面对的问题。因此,当孩子因遇到失败和挫折而犯错时,家长千万不要反应过激。家长的着急、暴躁、斥责等只会使孩子更加难受,促使其产生不良的心理反应。家长要避免任何消极否定的评价,如"不要再试了,算了吧""别做了,做不好就别做了"等,这种话只会强化孩子的失败感。家长不妨采用一些积极肯定的评价,如"虽然你没有成功,但你也是最棒的,因为你努力尝试了,再加把劲,你一定能成功"。这样既客观上承认了孩子的失败,又看到了孩子的努力,还为孩子提供了继续努力的方向和动力。

♥ 培养孩子对待挫折的正确心态

在遭遇失败和挫折时,孩子可能有以下一些消极的心理反应:第一,不愿再去干某件事情或参加某个活动。每个孩子都渴望体验成功,而失败常常使孩子怀疑自己的能力,对失败产生恐惧,害怕再次尝试,只去干那些预料能成功的事情。第二,表现为消极的自我评价,轻视自己的能力,认为自己"笨""不行",以至于在自己未顺利完成任务实现目标前心里没底。第三,与同伴的交往存在困难。

孩子对待周围的任何事物的态度常常是不稳定的,容易受情绪等因素的影响。在碰到困难和失败时,他们往往会产生消极情绪,不能以正确的态度对待失败,表现出退缩、逃避等消极行为。这时,家长要告诉孩子:"不要怕,只要努力一定会做好的!"家长要有意识地将孩子的失败作为教育的契机,引导孩子重新鼓起勇气,大胆自信地再次尝试。

♥ 帮助孩子解决难题

由于受到能力和经验的限制,孩子有时在遭受失败后实在找不到问题的答案,确实需要家长的指导和帮助。这时家长最好能提供

解决问题的方法,帮助孩子克服困难。但帮助孩子克服困难并不等于替他解决困难。同样,提供解决问题方法的最终目的是要发展孩子独立解决问题的能力。家长要根据孩子的不同特点,给予恰当的帮助。

不要过度袒护孩子

对于遇到挫折的孩子,不要过度袒护。有的父母见不得孩子伤心难过,一看到自己的孩子跟其他孩子发生冲突,恨不得自己赤膊上阵,这是不对的。孩子的问题首先让孩子自己解决,如果碰到麻烦,父母也要以第三方仅供参考的面目出现,以提醒的方式帮助孩子找到解决问题的办法。

让孩子在自我反省中认识自己、提高自己

帮助孩子自我反省、自我认识也是很重要的。如果孩子真的做错了,就要摆事实、讲道理,让孩子认识到自己的错误。因为当孩子面对挫折的时候,往往会沉浸其中不能自拔,或者消极哭泣,或者采用暴力不合作态度对抗,这都是错误的。这时父母就要出手帮忙,让

孩子在自我反省中认识自己、提高自己。

保持对孩子的适度期望和正确评价

适度的期望会对孩子产生奇妙的罗森塔尔效应,有利于孩子充分发挥自己的潜能,促进孩子向家长所期望的方向发展。如果期望过高,就会使孩子对自己的能力预计不足或对困难没有足够的心理准备从而产生强烈的受挫感,对自己失去信心。现在的孩子承受挫折的能力普遍较差,他们害怕失败,这与家长对孩子的过高期望是有关系的。因此,家长既要相信孩子能做好、有发展的潜力,又要注意从孩子自身特点出发,制定适当的目标,使孩子有足够的勇气面对困难,努力争取成功。另外,无论孩子是成功还是失败都要给予正确评价,让孩子知道什么是对的、什么是错的、错在哪里、怎样改进,使孩子逐渐明确是非标准,提高心理承受能力,从容应对生活中的各种挫折。

找机会彻底让孩子发泄一下

帮助孩子发泄情绪,也是摆脱挫折感的好办法。假如孩子真的

很受伤害,一时难以自拔,也不妨让孩子痛快大哭一场。哭泣是发泄情绪的最简单、最本能的方法,父母没必要如临大敌,孩子哭完了自然会面目一新。如果孩子哭完,还是很纠结,那么父母就要找机会彻底让孩子发泄一下,例如带孩子去爬山喊话等,方法很多。

❤ 父母要以身作则,保证有个愉快的家庭氛围

没有比言传身教更重要的了,假如父母遇到什么不顺利的事情,便恶言相加,那就很难去教育孩子比较克制从容地从挫折情绪中走出来。一个健康快乐的孩子,绝对是出自于一个健康快乐的家庭。父母虽然不可能保护孩子在外不遇到任何风浪,但至少可让孩子在回家后,能将家当成一个避风港。要知道,让孩子感觉到被爱与温暖,是协助孩子面对挫折的最佳法宝。

用同理心对待孩子的马虎

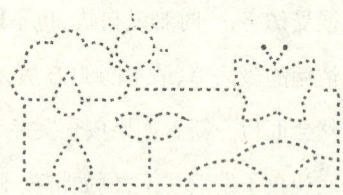

有这样一则寓言故事：

一把坚固的大锁挂在大门上，一根铁棒费了九牛二虎之力，还是无法将其撬开。钥匙来了，他瘦小的身子钻进锁孔，只轻轻一转，大锁就"啪"的一声打开了。铁棒奇怪地问："为什么我费了那么大力气也打不开，而你却轻而易举地就把锁打开了呢？"钥匙说："因为我最了解他的心。"

孩子的心，都像上了锁的大门，任你再粗的铁棒也撬不开；唯有关怀，才能把父母变成一把细腻的钥匙，进入孩子的心中，了解他们。父母有的时候对待自己的孩子会过度自以为是，反而忘记了关怀之心。于是，孩子们认为"我的妈妈完全不了解我""我的爸爸永远都不会听我说话"，所以，孩子也就很少会主动向父母敞开心扉。

父母本来是天然的钥匙,可偏偏选择去做铁棒,结果伤害锁芯,导致再也打不开它们。其实,由铁棒变为钥匙是很简单的,那就是"同理心",是一种将心比心的推论,它的理论基础就是:"发生在一个无辜人身上的苦难,也有可能发生在所有人身上。"根据这个理论,父母要无条件地理解马虎、粗心的孩子,如果不能感同身受,就无法成为孩子的朋友,无法同孩子共同经历痛苦和快乐,也就没有办法变成那把开锁的钥匙。

冉冉因为粗心大意被批评已经是家常便饭,而且次数多了以后,她对老师的教导越来越充耳不闻,对父母的苛责也漫不经心。

冉冉的爸爸很不理解,不明白一个小女孩,怎么会这样粗枝大叶呢?这让爸爸百思不得其解。爸爸苦口婆心地跟冉冉谈了好多次,每次冉冉的态度都很敷衍。如果爸爸说重了,冉冉就闷不出声,爸爸也拿她没有办法。

后来,同事给冉冉的爸爸出了一个主意:抽一天时间同冉冉一起去上课!冉冉的爸爸就以一顿麦当劳为交换条件,取得和冉冉一起上课的机会。冉冉惦记着汉堡包,而爸爸却想要知道冉冉粗心马虎的原因。可是,结果很可笑,40分钟的课听完后,爸爸和冉冉一起写作业,经过老师的批改,爸爸也有几道因为马虎而做错的题。

回到家,冉冉的爸爸没有隐瞒事实,郑重告诉冉冉自己粗心做错

题的事实,并且突然想起来,自己小时候因为粗心也没少挨老师的批评。爸爸这样一检讨,冉冉高兴了,也接受了爸爸这个统一战线上的朋友,共同探讨起对付粗心的办法来。

其实,孩子粗心大意自己心里是十分清楚的。但是如果父母不能站在孩子的角度将心比心,孩子就会变得很逆反,指东打西。只能做孩子的父母,不能做孩子朋友的父母,是失败的父母。虽然每天都跟孩子生活在一起,他们却永远不知道孩子的心里在想什么。等到长大之后,孩子就会毫不回头地离开,寻找能真正理解自己、温暖自己的人。这无疑是糟糕的结局,原因就是父母当初没学会用"同理心"去理解孩子。

人生是非常有趣的,尽管父母也曾是孩子,但当了父母之后好像把以往做孩子的事情全部忘在脑后了,自然而然地变成了自己做孩子时讨厌的父母模样。这被社会学家称为"角色误入",而保持"同理心",是避免"角色误入"的最好方法。

家庭教育中,无论在什么情况下,父母都不可以武断地给孩子下结论,当孩子试图解释的时候,一定要耐心倾听,并鼓励孩子说出自己的感受,并尽量去做一个假设:如果我是孩子会怎样?尤其是当孩子做错了事情,父母想要批评他们的时候,更应该换位思考一下。这样做,不但能时刻和孩子保持无障碍沟通,还可以让孩子养成遇事替别人着想的习惯,这也是人的一项优良品质。

PART 2
轻松搞定小马虎的招数

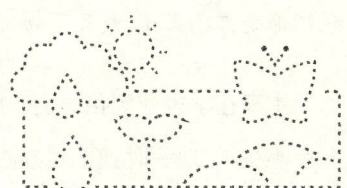

抚慰情绪受伤的孩子

当孩子划破手指的时候,父母知道给孩子清洗包扎伤口,可当孩子情绪受伤的时候,很多父母却熟视无睹,不知道该如何帮助孩子。

在学校里,小朋友们会在课间自己组织一些游戏。这天,天天被老师批评了,说他是班级里的"小马虎"。后来他在要求参加大家的课间游戏时,被拒绝了,原因是有个孩子说了一句:"我不要和你玩,你这个小马虎!"然后,所有的孩子都默认了这个规则,天天成了大家排斥的对象,没有人接受他参加游戏的请求。

受到委屈的天天回家后希望能从父母那里得到安慰,但是妈妈下班回来忙着做饭洗衣服,看见天天不高兴,只以为他又耍小孩子脾气,根本没有放在心上,打发天天去找爸爸。爸爸是个"股迷",好不容易下班有时间钻研K线图,就敷衍天天:"等爸爸的股票涨了,带你去吃汉堡包。"天天得不到安慰,眼泪汪汪的,爸爸看了更不耐烦,只

说:"都是男子汉了,还动不动就掉眼泪,真丢脸!"

本来在学校受到孩子们的排挤,情绪已经受到了严重伤害,作为一个小孩子,他一时找不到办法解决自己的问题,本能地到父母那里寻求帮助。可是,父母却完全视而不见,甚至还雪上加霜,说一些更加伤害孩子的话。这样的父母实在应该为自己的表现感到无地自容。

情绪受伤的孩子,如果能及时得到疏导,就会平缓度过情绪危机;相反,则可能导致心理疾病,如自闭等。所以,父母不应该以忙或者没时间为借口而忽略孩子,要知道,孩子的内心永远比我们想象的要敏感。

面对情绪受伤的孩子,家长一般会有以下几种反应:

♥ 冷漠

就如案例中天天的父母一样,认为孩子的情绪问题,都是小问题,过一会儿就好了。这样的想法根本就是片面的,孩子的事情,再小也不能视而不见,更不能雪上加霜,否则会错过疏导孩子情绪的最佳时机。

PART 2
轻松搞定小马虎的招数

❤ 同情

有的父母虽然能够认真对待孩子的情绪问题,但是往往不得其法。当孩子情绪受伤时,父母就同情心泛滥,立刻比孩子还要难过,这样的表现无疑给孩子树立了错误的榜样,不仅无助于问题的解决,也让孩子滑进情感脆弱的深渊。

❤ 移情

所谓移情就是父母用自己的心灵去倾听孩子的心声,一旦父母对孩子表现出移情时,孩子就会知道父母理解了他的感受,这将有助于孩子从情绪伤害状态中摆脱出来。

显而易见,在这三种反应中,最负责任的父母应该学会移情。这对建立亲密无间的亲子关系,具有积极意义。那么,怎样更好地实现移情呢?

❤ 父母要学会倾听

当孩子受了委屈或挫折而情绪低落的时候,父母第一步应当安静地聆听孩子的心声,了解孩子遭受伤害的过程和原因;在这样的前提下,第二步就要无条件地接纳和反映孩子的感受,可以用不同的形容词来描述孩子的情绪感受,例如:"小朋友们没邀请你,所以你感到难过了?""小朋友们拒绝你,你觉得他们没把你当朋友,所以你很伤心?"注意,当父母提出这些假设时,要尽量温和,因为这对孩子来说就是伤害的再现,绝对是一种不好的心理体验。

❤ 用探讨的方式帮助孩子

搞明白事情的起因和经过后,父母就要帮孩子解决问题。这时父母要用探讨的方式,给孩子出主意想办法,例如鼓励孩子第二天主动邀请拒绝过他的小朋友玩游戏。如果孩子被拒绝是事出有因,那么就要让孩子认识到自己哪里做得不足,如何改正。

总之,当孩子身陷情绪伤害之中时,父母必须扮演好情感后盾的角色,让孩子在情感上感到安全,这对帮助孩子摆脱情绪困扰是很重要的。

PART 2
轻松搞定小马虎的招数

过犹不及,小心孩子得强迫症

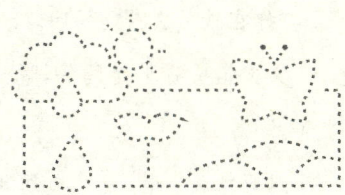

很多家长认为,粗心的孩子一般与强迫症挨不上边,因为得了强迫症的孩子大都对事情过分细致。但是,有一种情况会让粗心的孩子落入强迫症的泥沼!下面故事中的文文就是一个例子:

文文很粗心,她知道粗心的毛病不好,所以尽力在改正,但是最近文文觉得自己得了一种怪毛病:总是会担心自己因为粗心导致做的事不正确,所以会反复检查,以保证自己不出错。她上课记笔记时会反复检查,担心自己抄错记错;做功课时会反复检查,担心答题有错,要检查几遍才放心,这样大大降低了她的听课质量和学习效率。而且这种情况愈演愈烈了,起先只有一两门功课这样,后来就发展到三四门功课。

一天,妈妈见文文还不回家,就去学校接她,只见班级里只剩下文文一个人对着黑板正在抄写着什么。

"你在抄什么?"妈妈问。

文文抬头看见是妈妈,说:"我在抄数学作业题,老师写在黑板上了。"

妈妈抬头一看,没几道题啊,文文怎么抄这么久,于是便问:"抄完了吗?"

"抄完了,我是在核对。我上次因为粗心抄错了,在家做了好久都没做出来,这次我怕又抄错了,只能一遍一遍地核对……"

妈妈知道文文想改掉粗心的毛病,可是这核对的时间也太久了吧!妈妈隐约觉得有些不对劲了,她的脑海里浮现了"强迫症"三个字,不由得担心女儿会不会是得了强迫症?

接女儿回家的路上,妈妈的心情有些复杂。

过分认真、细致的人,可能在生活中多多少少会出现某些强迫的意念和行为,例如本来门已经锁好了,出了门又有些不放心还要再检查一遍等。这种强迫,作为一种自我的提醒和保护机制,是有益的。但强迫症不同,得强迫症的人会过分地追求安全感,内心存在尖锐的冲突,不得不想,不得不做,知道没有必要怕,但就是控制不住自己……强迫症的症状往往给患者的生活、学习和社会交往造成较大的障碍。

有专家曾对一所中学的近100名初中生进行调查,结果显示,有

PART 2
轻松搞定小马虎的招数

中度强迫症状的占 21.11%,有重度强迫症状的占 17.78%。强迫症已经对孩子的健康成长与学习、生活产生了重大影响。因此,作为家长,要密切关注孩子的表现,如果发现孩子出现强迫症现象,要积极地寻找原因和及时矫治,从而保证孩子健康成长。

强迫症的诱因

根据心理学专家的调查研究与分析,孩子的强迫症可由多种原因诱发而形成。下面就是专家所列出的可能诱发孩子强迫症的几种主要因素:

第一,社会心理因素。学习过分紧张,学校、家庭要求过严,学习失败、学习困难,在班级、学校人际关系不良等均可使孩子产生过度焦虑,久而久之便可能出现强迫症状。生活中出现强烈的精神刺激,受到严厉批评、人格羞辱、家庭争吵、亲人伤亡等影响,都有可能使孩子紧张焦虑、反复思考、检查过去、担忧未来,从而出现强迫症状。

第二,个体内部因素。个体内部因素包括个体人格发展缺陷和以往的创伤性体验两方面。人格发展缺陷在多数患强迫症的孩子中可见,如胆小怕事、优柔寡断、偏执刻板、急躁好强、内向退缩等。这类孩子还往往具有一个共同特点——墨守成规,求全责备,遇事过分

细致,力求一丝不苟,反复推敲,反复评价。故事中的文文就是走向了粗心大意的另一个极端,遇事过分细致,唯恐出错,才得了强迫症。

第三,生活事件。对于患了强迫症的孩子来说,他们患病主要是由学习压力、人际交往和情感挫折,以及亲人的病亡等引起的。有的生活事件显得微不足道,如同学给取了个绰号、父母师长的一句告诫,以及物品被别人借用,都可以成为导火索引起持久的心理冲突而诱发强迫症。

第四,思维因素。强迫症患者的思维特点有过分追求安全性、超价观念和幼稚性三大方面。

安全胜过一切是强迫症的一大特点,他们趋向于用一万倍的努力来消除有万分之一可能的危险。

超价观念是指在意识中占主导地位的错误观念。超价观念的形成往往有事实依据,但内容片面、偏激,带有强烈的感情色彩。如有不洁恐惧强迫的病人会把不吉利、脏和病、死有关的威胁无限地放大,并且深信不疑。一名初三女生因其表姐在几年前的中考中失利而被中专录取,她认为这件事情不吉利,导致在中考前半年发生强迫症,强烈地恐惧和回避与其表姐、"中专"有关的一切:不能见到其表姐和家人,不能听到表姐的名字,不能听别人说"中专"两个字,上学途中因为要路过一所中专,不惜多绕十几分钟的远路,每天回家要用

消毒水来洗耳朵、手和衣服等。

强迫症患者的思维特点往往与其年龄和智力发展不相称,极为幼稚,缺乏逻辑性。比如,一个大学毕业的老师,其父亲已经去世多年,但因为当初父亲说过"粉红色的衣服不适合你穿",所以一直不敢穿粉红色或颜色相近的衣服,否则感觉自己没有听父亲的话,自责焦虑不已,反映了其心理的幼稚性。这就是强迫症患者往往具有强烈的违禁性犯罪感。

第五,家庭教育影响。父母的气质如果有焦虑特质,以及生活作风刻板僵化,可能会造成孩子焦虑程度深,观念和行为缺少变通,甚至过于僵化。父母个性过于胆小怕事,对危险过高估计,过分溺爱和保护孩子,或亲子关系冷漠,亲子之间沟通不良,爱和安全感不足的家庭,以及过分严厉、强调分数和结果,不允许孩子探索、犯错误的家庭均可诱发孩子的强迫症。

强迫症的预防

强迫症一旦形成,自我是很难抗衡和调节的。因此在家庭方面的教育中,父母应该加以注意,尽量避免因不当的方式促成孩子得强迫症。

从父母的角度来说,对孩子应该多一些尊重、理解和宽容,不要限制太多、要求过于苛刻,更不要动不动就对孩子进行惩罚。允许孩子犯错误,也是家长要更新的一个观念。这样才能培养他们敢于探求未知、挑战未来的信心和勇气。这并不是说家长不可以指出他们的错误,关键在于不应该因为错误而否定其人。家长应该清楚错的是行为,而行为是可以改变的,这对于健全人格的发展有重要意义。

强迫症的矫治

对于已经患强迫症的孩子,父母则应积极面对,及时采取措施,进行有效的疏导和矫治。下面是心理专家提出的矫治强迫症的方法:

第一,以认知疗法为基础。认知疗法应掌握三个要点:

首先,分析孩子当前症状与以往创伤性体验及负面生活事件的关系,促使孩子领悟自己的强迫症状和这些因素的关系。

其次,指出孩子的人格弱点,提高他们的自我认识,激发他们自我调整的欲望。

再次,增强孩子战胜病症的信心和勇气。家长应积极配合心理医生,做好孩子的思想疏导工作,对孩子的每一点进步、每一个优点

给予积极的肯定和赞扬,并鼓励孩子,强调通过共同的努力,强迫症是可以治愈的,不要气馁。

第二,行为疗法。行为疗法可采用系统脱敏法和注意转移法。系统脱敏法对强迫担心、强迫冲动、强迫动作等有较好疗效。对病程迁延较长,用认知疗法治疗有所领悟的孩子辅以必要的脱敏治疗可以促进症状改善,并可起到增强孩子信心的作用。注意转移法可缓解强迫症状。

第三,进行药物治疗。当强迫症状严重时,可进行药物治疗,不过用药必须谨遵医嘱,最好带孩子看过医生后再服药。

帮助孩子远离情绪污染

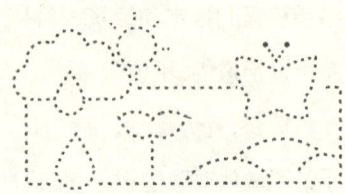

有时,坏情绪就如同流感病毒一样,影响周围的人。尤其是孩子,在这方面几乎没有什么免疫力,特别容易成为"情绪污染"的无辜受害者。

美美的爸爸妈妈离婚后,美美跟着妈妈生活。性格像父亲的美美一向是个乐天派,比较大大咧咧,而且作为一个小孩子,还不能理解父母离婚的真正含义,加之父亲也经常在周末带美美出去玩,所以美美倒没觉得自己跟以前有什么不同,但是妈妈不是以前的妈妈了。这次,美美从爸爸那里回来以后,忘记带书包,于是妈妈便带着美美去找爸爸。没想到,在美美的爸爸那里,妈妈看到了前夫的新女朋友,于是非常生气,拿了书包回到家以后,就对美美大发脾气:"谁让你那么粗心忘记书包的,不然我也不会遇见那个狐狸精!"然后还说是爸爸毁掉了她,毁掉了这个家。

PART 2
轻松搞定小马虎的招数

美美真的以为是自己的责任,变得心事重重,即使在学校里,也很难从这种情绪中摆脱出来,成绩也渐渐落后于同班同学。

这位妈妈因为无法从失败的婚姻中走出来,就把自己的挫折情绪无限扩大,进而影响到女儿。

在生活中,"情绪污染"常常是连锁反应。老板碰到了麻烦的客户,受了一肚子气,回到公司看到员工出了小纰漏,就大骂一番。员工为了饭碗无法顶撞老板,回到家后,就把妻子当成出气筒。妻子劳累了一天,本来就满心委屈,不但不能得到丈夫的宽慰,反而换来一张黑脸,于是恼火异常。这时,孩子由于粗心大意打破了玻璃杯,妻子便怒火中烧,吼了孩子一顿。孩子遭受打击,无可奈何,只能号啕大哭,但还不解气,就拖出家里的猫狗,一通虐待,这就是心理学上著名的"踢猫效应"。

一个快乐的孩子,需要一个快乐健康的家庭,而一个快乐健康的家庭需要有屏蔽各种"情绪污染"的能力。爸爸在外面工作不顺,要克制自己回家不乱发脾气,用天伦之乐进行自我疏导。妈妈生气的时候,不拿孩子当出气筒,看到孩子纯真的眼神,一切恼怒都烟消云散。在这样的环境中,家庭中充满爱的氛围,是大家的情感避风港,其乐融融,有什么愤怒都能在此消解,便不会有"情绪污染"蔓延全家的情形发生。

制定一些防止"情绪污染"的家规

事实上,"情绪污染"的问题在世界各国都备受重视。浪漫的法国人还发明了"精神排毒操",就是他们一旦发现自己的情绪受到污染,立刻通过运动出一身臭汗,将郁结的情绪"病毒"伴随汗水排出体外,挥发到空气当中。美国人则选择玩沙子,他们认为沙子细软柔滑,可以任你蹂躏,且可散可聚,无孔不入,能过滤人的情绪"病毒"。在我们周围,很多人也拥有情绪排毒的独家秘诀,例如购物、吃大餐、喝一杯热茶、使劲往墙壁上打网球等方法都可以防止情绪"病毒"的继续污染。

在家庭中,父母应制定一些防止"情绪污染"、保护孩子身心的"家规"。像著名演员梁朝伟,他有一个著名的化解矛盾的方法,就是当一个人生气的时候,不管谁对谁错,先自行躲在洗手间中,等待大家都冷静了,再出来慢慢解决问题。家长朋友们不妨从中取经,让坏情绪像冲马桶一样倒掉,以免"污染孩子"。

把握好两个时间段的家庭气氛

在家庭生活中,把握好两个时间段的家庭气氛,也是避免"情绪污染"产生的重要方式。第一个时间段是早餐时间,因为大家都有"起床气",吃饭时孩子一不听话,家长便很容易把火撒在孩子身上,影响孩子一天的心情。第二个时间段是睡觉之前,在外面忙活了一天,有不顺心的事情,忍了半天,到最后功败垂成,摔个盘子砸个门,孩子受到惊吓,睡眠质量便直线下降。因此,无论如何,父母都要克制自己的情绪,如果意识到自己的情绪已经成了巨大污染源,应当立刻想办法切断这个污染源,毕竟孩子是无辜的,没道理来承受大人的情绪垃圾。

NO.3 解决孩子生活中的马虎问题

孩子总是马虎弄伤自己怎么办

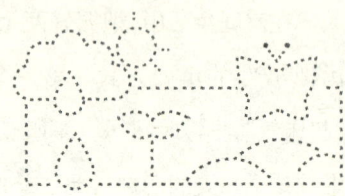

有些马虎的孩子,经常跑着跑着摔了一跤,甚至走着走着都会跌倒……这样的孩子让妈妈心疼不已,虽然时常提醒,可孩子还是毛毛躁躁,经常弄得自己伤痕累累。

"欢欢,你怎么了?"妈妈看着欢欢摔得鲜血淋漓的膝盖,心疼地问。

欢欢哭着说:"我今天放学回家的时候,和同学边跑边玩,没看见台阶,一下子摔倒了……"

妈妈拿来药箱,边给欢欢敷药边对他说:"怎么不小心一点呢?老是这么毛毛躁躁的,今天这里磕伤了,明天那里弄破了,我都快成你的急救护士了!"

PART 2
轻松搞定小马虎的招数

欢欢破涕为笑,答应妈妈以后会小心点。

妈妈不再说什么,可是她知道,欢欢不是一次两次了,每次都答应以后会小心点,可新的伤痕很快又出现。妈妈心疼,但又不知道怎么办。

孩子总是马虎弄伤自己,家长应该怎么办呢?

锻炼孩子的平衡协调能力

总是弄伤自己的孩子,有可能是缺乏良好的平衡协调能力。协调能力是指在运动中,身体与运动相关的各器官和系统在一定的时间和空间里密切配合,并合理有效地完成动作的能力。心理学家通过画线法来测试幼儿的动作协调能力。

* 用铅笔和尺子画两条30厘米长的直线,间隔3毫米。

* 然后,换另一种颜色的铅笔,不用尺子,在两条直线之间画一条线。

* 画线时,笔不能离开纸,不能停顿,在20秒之内完成。

* 如果中间的线碰到上线或者下线2~3次,这个结果很好;达到4~10次,就表明幼儿的协调能力一般;超过10次,幼儿的协调能

力就令人担忧了。

良好的身体协调能力能够让孩子将受伤情况降至最低,如果测试的结果不尽如人意,那么,家长首先要找到影响孩子协调能力的原因。

第一,遗传。这是由于神经调节对协调能力起相当大的作用,而神经调节主要受先天制约,不易受后天因素的影响。

第二,生物年龄和有机体各部分生长发育的程度。随着孩子生物年龄的成熟,各器官系统的性能也随之得到完善,协调能力也会随之发展。因此,孩子的生物年龄和有机体各部分生长发育的程度直接影响其协调能力。

第三,有机体运动素质的发展情况。运动技术的完成需要运动素质作为基础,尤其是对完成技术过程中的肌肉活动来说,它直接与力量、速度、耐力等的发展程度有关。而且,肌肉的内协调本身就是力量表现的决定因素。

第四,孩子个性心理特征。孩子的学习、完善运动技术,与其对不同刺激条件的分辨能力、注意力集中的程度、思维的敏捷度、神经类型等心理特征有关,而这些对协调能力都有很大影响。

动作的协调能力是可以培养的,孩子可以学习演奏对双手灵活性要求较高的乐器,如手风琴和钢琴;也可以学学绘画、雕塑和编织。

PART 2
轻松搞定小马虎的招数

不过游戏是孩子的最爱,下面介绍的"连体人"游戏对孩子的协调能力有很大的帮助,爸爸妈妈不妨和孩子多做这类游戏。

"连体人"游戏,顾名思义,就是两个人或多个人连在一起玩的游戏,这个游戏非常适合一家三口玩,操作简单又十分有趣。通过"连体人"这个游戏,不仅可以很好地锻炼孩子的协调能力,在亲子关系方面,也能让孩子得到与父母"同进退"的经历,让一家三口变得更加其乐融融。

第一,"规划"活动场地。距离的长短、中间是否安排障碍物、走直线还是曲线等,爸爸妈妈可以根据孩子的协调能力来定,一开始可以简单一些,不要弄得太复杂。

第二,做好热身运动。在游戏开始前,爸爸妈妈可以带着孩子一起做做活动操,如踢腿运动、下蹲运动、原地转圈、跳跃运动等,这些运动可以帮助孩子热身,避免活动受伤。

第三,"四足"变"三足"。以两人玩为例,爸爸妈妈要准备好棉绳,将孩子与自己相邻的两条腿绑在一起,让"四足"变成"三足"。注意绳子要绑在膝盖以下,脚踝以上。

第四,做"两人三足"活动操。两腿绑在一起后要再次与孩子做活动操,让孩子体会两次活动的不同,并与孩子探讨合作的方法,如提问:"为什么会摔跤?怎样才能不摔跤?"

第五，完成一些"规定动作"。根据孩子的能力，家长可以安排几种"规定动作"："两人三足"下蹲走——能力弱的幼儿完成；"两人三足"侧身走——能力一般的幼儿完成；"两人三足"慢跑——能力强的幼儿完成。

第六，点评孩子的活动情况并予以表扬。做完游戏之后，家长要根据游戏过程中孩子的表现进行点评，注意点评要中肯，既要说说孩子的不足，对于孩子表现好的地方，也要予以表扬。

类似这样的游戏爸爸妈妈也可以自创一些，既有乐趣，又能提高孩子的能力。

教孩子总结经验

孩子每次弄伤自己以后，家长不要简单地说"下次小心一点"，而是要让孩子总结经验。比如，让孩子明白走路的时候不能低着头，否则容易撞到障碍物；不要边打闹边跑步，容易忽略危险，等等。让孩子自己总结出如何能够少受伤的方法，这样吃一堑长一智，孩子在下次遇到类似情况的时候才会多一分小心。

不要过分唠叨

现在很多孩子是独生子女,是家里的"宝贝疙瘩",一旦撞了、摔了,全家人都心疼得不行,于是很多家长就开始了"碎碎念":"走路的时候怎么不小心啊……""过马路要左右看,否则……""以后我不接你的话自己走路小心点,不然又像这次一样……"家长的关怀之心能够理解,但是过分的唠叨会让孩子产生烦躁的感觉,其结果很可能是孩子毫不领情,下次依然马虎行事。

轻松搞定世界上"最马虎"的小孩

孩子总是粗心忘带东西怎么办

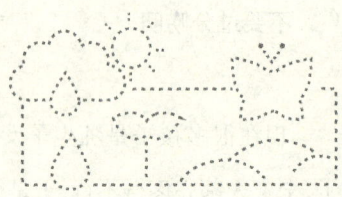

粗心孩子的家长总要比其他家长多操一点心,光是"忘记带东西"这一项,已经够家长折腾的了!瞧瞧下面故事中的妈妈:

早晨,一阵急促的电话铃声把裕裕妈妈刚跨出门的脚给"叫"了回来。

"喂,谁啊?"裕裕妈妈情绪不好地问。

"妈妈,是我!"裕裕的声音传进妈妈的耳朵。这是本周第三次了,裕裕妈妈无奈地问:"裕裕,你又忘记带什么东西啊?"

"嘿嘿,对不起啊,妈妈,我忘带橡皮了!"裕裕轻松地说。

"我这就给你送来。"妈妈放下电话,开始找裕裕的橡皮。十分钟过去了,还是没找到,妈妈看看时间来不及了,就到裕裕学校门口给他买了一块新的送了过去。

晚上,妈妈辅导完裕裕的功课,叹着气说:"裕裕,你这'忘记带'

的毛病能不能改改？"

裕裕把玩着新买的橡皮，没有说话。

"跟你说话呢，听见没有？"妈妈提高了一点音量。

"知道了！"裕裕淡淡地说。

"现在我们一起归置东西吧，把明天要带去学校的东西准备好，你要是再落下什么，我可不管送了！"妈妈认真地说。

裕裕抬了抬眉毛，开始收拾起来。

家中有一个"健忘的小马虎"，家长应该怎么办呢？

找到孩子"忘记带"的原因

孩子经常"忘记带"学习用具的原因有三：

第一，孩子缺乏独立性。现在的孩子大多数都是独生子女，形成了六个大人疼一个小孩的独特格局，在这种格局中成长的孩子很容易缺乏独立性。明天要上学，很多孩子会随口问一句："奶奶，我明天上学的东西准备好了没？"更有甚者，在第二天发现没有带齐东西后会生气地说道："我妈妈真是的，又没给我装橡皮。"似乎在孩子们的心里本能地认为：收拾书包、准备学习用具是家长的事。随着孩子逐渐长大，很多家长慢慢地不再帮助他们收拾东西，那么，"忘记带"的

情况便会经常发生。

第二,孩子缺乏责任心。在发现"忘记带"某样东西之后,很多孩子会像故事中的裕裕一样,打一个电话给家长,要他们送来,而大多数家长更是"随叫随到",非常配合。殊不知,这样的"配合"大大折损了孩子的责任心,他们会认为,就算我没有检查好自己的学习用具也没有关系,明天会有"专人"送到。

第三,孩子本性毛躁、马虎。有的孩子天生大大咧咧,做事情容易丢三落四,今天忘记带这个,明天忘记带那个,当家长训斥的时候,便不好意思地说:"对不起啊,我也不是故意的……"

❤ 解决孩子"忘记带"的方法

没有解决不了的问题,只有不花心思想办法的家长!孩子经常发生"忘记带"的情况,家长可以用下面的方法试一试:

第一,坚决执行"自己的东西自己收拾"。不要认为孩子还小就帮助孩子收拾东西,家长可以在孩子去学校的第一天就开始告诉孩子:"自己的东西要自己收拾。"上学前,家长要问一问孩子东西是否都带全了。如果孩子忘记带某样东西,前三次可以给孩子送去,三次之后就要让孩子自己承担后果。

第二,别数落孩子。孩子屡次"忘记带"之后,家长通常会说:"我不是提醒过你吗?""你怎么总改不了!"这样的数落带给孩子的只是负面作用,孩子往往会为自己的行为辩解,并且拒绝改正。当然,这并不是说不能批评,只是家长要就事论事,不要带着指责情绪——孩子马虎其实他们自己心里有数,适当的一个眼神足矣。

第三,让孩子自己列好物品详单。俗话说,"好记性不如烂笔头",孩子粗心地忘记这忘记那,不妨让孩子自己列一个物品详单吧!让孩子把第二天需要带齐的东西列好,然后对着准备就可以了。为了防止粗心的孩子列详单的时候就丢三落四,家长要做好"审核"工作,帮助孩子列好单子。

第四,巧妙利用"正增强"。孩子感情丰富,意识上有主动性、独立性和果断性,能运用道德知识评价和调节行为,有 定的策略和自我设想,有自律意识,在个人管理方面,他们已经要求进一步认识自我的长处与短处,扬长避短,塑造自我形象。家长可以利用孩子的心理特点,进行"正增强"。"正增强"是指个体在某一情境下做某种事情,如果获得满意的结果,下次遇到相同情况时,再做这件事的概率就会提高。家长的一句鼓励或者是一个小愿望的满足,而不是对做不好的惩罚,就强化了正面行为。

家长可以自己动手制作一张"红星统计图",如果孩子每天带齐

 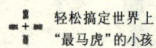

文具就可以涂红两颗星,没完成好的不涂。每颗红星10分,如果孩子拿到了100分家长可以给孩子一张红色的"小喜报"作为精神奖励,也可以有一定的物质奖励,但切记不要让孩子为了物质奖励而努力。

PART 2
轻松搞定小马虎的招数

孩子不注意户外安全怎么办

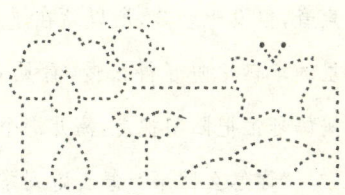

爱玩是孩子的天性,可是那些马虎大意、欠缺生活经验又满怀好奇心的孩子在户外活动的时候总是让家长提心吊胆!

阳阳六岁,活泼可爱,有点小马虎。他是个"游戏高手",什么滑滑梯、跷跷板,他玩得比同龄小朋友都好。这天下午,阳阳依旧来到小区的广场上玩耍,有一个小朋友带了一个皮球,阳阳便和他玩了起来。

妈妈知道阳阳马虎,就怕他在户外发生什么危险,所以一直看着阳阳,几乎寸步不离。可是,这时候妈妈想上厕所,就对阳阳说:"阳阳,妈妈走开一小会儿,马上回来,你注意安全!""嗯!"阳阳点点头,眼睛始终没有离开皮球。

就在妈妈往回走时,阳阳和小伙伴为了追赶那只球跑到了小区里的马路上,这时正好有一辆小汽车驶来。妈妈一看连忙跑过去。"阳阳——"人没到,声音先到,"快回来,有车——"阳阳听见妈妈的

声音,但没听清楚,所以站在原地冲妈妈喊道:"啊?什么?"幸好小区里的车辆一向开得很慢,看见有小朋友在马路上玩耍便停了下来。妈妈赶忙把阳阳抱走,离开那个"危险地带"。

"你怎么回事?怎么跑到路上去玩了呢?妈妈不是跟你说过,只能在广场上玩吗?"阳阳妈妈蹲下来,用责备的语气对阳阳说道。

"我没注意,球滚到那里,我就跑过去了……"阳阳低着头,怯怯地说。

游戏被称为"儿童的第二生命",爱玩游戏是每个孩子的天性,尤其是各种户外游戏活动,更是为孩子们提供了挥洒快乐、彰显个性的空间。但是,每年总会有许多孩子因为自己马虎大意、父母疏于看护、器械破损或玩耍方式不当而遭受伤害,轻则小磕小碰,重则危及生命。因此,家长要给粗心的孩子加强一下安全意识,让他们牢记在心,这是孩子免受伤害的保障。

利用故事引起孩子的警觉心

爸爸妈妈在给孩子讲述安全的重要性时,孩子也许会不重视,这时候不妨采取讲故事的形式,更容易让孩子接受。下面的这个小故事就非常不错:

PART 2
轻松搞定小马虎的招数

一天,老奶奶从地里摘来一棵大白菜,打算做一碗白菜汤。她手拿菜刀,刚想切下去,就听到大白菜发出咕咕呱呱的声音。

老奶奶吓了一跳,大白菜里面怎么会有声音?是自己耳背,听错了?她再仔细听,大白菜真的在咕咕呱呱说着话。

老奶奶大叫起来:"天哪,大白菜在说话呢!"她急忙跑出门外喊来了耳朵最长的小兔子,可小兔子竖起耳朵听了半天,也不知道大白菜在说些什么。

老奶奶又找来了学问最好的小刺猬,小刺猬竖起耳朵听了半天,说:"大白菜先生一定说的是外星话,我没学过。"

这时,有位青蛙大婶经过这里,也来好奇地听听,突然,青蛙大婶尖叫起来:"哦,终于找到你了,我可怜的宝贝!"

小兔子闹不明白,忙问:"奶奶的大白菜怎么成了你的宝贝?你听懂里面说的话了吗?"

青蛙大婶说:"说什么话?他根本不会说话。"

小刺猬说:"什么?你说大白菜不会说话?"

"不是的。"青蛙大婶说,"这大白菜里是我的孩子,他失踪两个月了。那时候,他刚从小蝌蚪变成小青蛙,到现在还只会咕咕呱呱叫,不会说话。"

老奶奶一听可着急了,她赶快放下菜刀,用手把大白菜叶子一瓣

一瓣剥下来。

大白菜越来越小,越来越小。最后,奶奶从菜心里发现一只小青蛙,正在咕咕呱呱叫着呢。

原来,有一天小青蛙在外面玩耍,一不小心爬进了大白菜的菜心里跳舞,它跳啊跳啊,跳得累了就在里面睡着了,结果就让大白菜给包了起来,一包就包了两个月。

老奶奶为了庆祝青蛙大婶找到自己的小宝贝,赶紧用大白菜熬了一锅汤,请青蛙大婶和她的儿子吃。

小青蛙喝完汤,咕咕呱呱地叫着。青蛙大婶对小青蛙说:"你以后玩耍可要注意安全啦,别再给大白菜包住了!下次可没有这么好的运气了!"小青蛙用力地点点头,青蛙大婶高高兴兴地领着儿子回家了。

老奶奶呢,从这以后,每逢切大白菜,总要先拍打几下,再用耳朵听听,看会不会有会说话的大白菜……

除了童话故事以外,家长还可以选择一些现实生活中发生的有关安全的重要性的故事,同样能够起到很好的效果。

❤ 为孩子选择合适的户外游戏场地

对于孩子来说,最安全的场地应该具备以下几个条件:地面最好

PART 2
轻松搞定小马虎的招数

是由橡胶垫铺成或沙地，水泥地对孩子的伤害是最为严重的；游戏的场地最好远离有水池、施工、树丛的环境；在草地上活动，家长一定要仔细检查，避免活动的井盖以及尖利的金属、玻璃等危险物；一定不要带孩子在道路上、停车场等有机动车穿行的地点活动，这里不仅仅会让孩子面临危险，同时更容易让孩子遭到汽车尾气的危害。

♥ **细心检查孩子玩耍的设施**

孩子玩耍前，妈妈爸爸要注意检查秋千、滑梯、旋转轮盘及跷跷板等是否牢固，检查是否有生锈或锐利突出的地方，检查沙坑内是否有玻璃碎片、石头等。

♥ **教会孩子游戏的规则**

家长的保护是保障孩子安全的一个重要方面，但是更重要的是培养孩子的安全意识，让孩子在游戏的过程中学会玩游戏的正确方法。

第一，让孩子知道玩耍器械时排队、不拥挤十分重要，同时，要让孩子知道不在人多拥挤的地方玩耍，不在停车场、工地等危险地方玩

耍,不在马路上踢球、骑车、滑轮滑。

第二,玩滑梯时,只能单向由上往下滑,千万不能反方向爬行;在滑到终点时,一定要以最快的速度离开滑梯,谨防后面的小朋友滑下来,发生碰撞事故。

第三,在没有大人的保护时,不玩爬高的器械,不从高处往下跳。

第四,玩秋千、转椅时一定要有大人的保护,不站在正在摇晃的秋千的前后以及旋转的转椅的周围,等秋千、转椅完全停下再靠近。

第五,在快速奔跑时,眼睛要看前方,拐弯时要减速;不与同伴手拉手跑。

第六,玩跳绳之类的绳状物时,不将绳子套在自己或其他小朋友身上,尤其是脖子上。

❤ 让孩子始终在自己的视线内

不管什么时间和场合,让孩子在自己的视线范围内是最重要的。在孩子玩器械的时候,家长的所在位置,应该是孩子最容易发生意外的地方,例如当孩子玩滑梯时,家长应该站在孩子下滑的位置,当孩子玩平衡木时,家长应该始终站在一旁,保证能及时给予保护。

PART 2
轻松搞定小马虎的招数

孩子做家务马虎怎么办

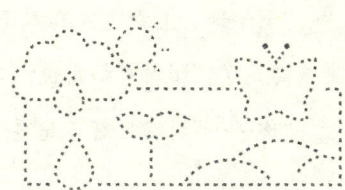

每个孩子都应该承担一些家务,这对培养孩子的独立性、责任心很有好处,但是马虎的孩子做起家务来可能会让父母不满意,就像下面故事中一样:

潇潇今年13岁,虽然年纪不大,但是他在家里已经开始负责一部分家务了。爸爸妈妈分派给潇潇的工作任务是每天倒垃圾。

"潇潇,垃圾袋是破的,你看,你拎着它出去的时候,这垃圾水滴了一屋子……你怎么那么马虎,看见有水就应该连桶拿嘛!"妈妈一边拖地板一边抱怨。

"滴点水有什么了不起,擦擦不就行了!我着急上学,哪顾得了那么多!"潇潇一边吃零食一边对妈妈说。

"话不能那么说,既然做一件事,就要把它做好!你这样不负责任,将来怎么能做大事呢?"妈妈直起腰,对潇潇说道。

"至于这么上纲上线吗?不就是垃圾袋破了我没注意吗?您就别较真儿了!"潇潇对妈妈说。

"你……"妈妈被潇潇气得说不出话来。

马虎的孩子做家务经常不能让家长满意,怎样做才能让孩子细致负责地做家务呢?

巧妙利用激将法

激将法是利用孩子自尊心和逆反心理积极的一面,从相反的角度,以"刺激"的方式对孩子寄予期望,以激起孩子"不服气""不服输"的精神,使孩子产生一种奋发进取的"内驱力",将自己的潜能充分地发挥出来,从而收到良好的教育效果。

古往今来,有许多名人小时候都被"刺激"过:

戴高乐将军的父亲是一所学校的校长,曾参加过普法战争,并获得一枚勋章。这枚勋章成了戴高乐小时候的宝贝和玩具。也许是受这个因素的影响,戴高乐从小就喜欢玩打仗的游戏。做游戏时,他要求玩伴们像真的一样投入"战斗",要服从命令、作战勇敢,不能投敌变节、贪生怕死。

PART 2
轻松搞定小马虎的招数

有一次,他又和几个孩子玩打仗游戏。他演司令官,他的弟弟演情报官,他命令弟弟:一旦被敌人俘虏,就要把"情报"吞到肚子里去。"战斗"打得很激烈,弟弟真的不幸被"俘"了,但没来得及吞下"情报"。在"敌人"的威逼利诱之下,弟弟交出了"情报",然后被放了出来。弟弟的行为使这位"司令官"大为恼火,他骂弟弟"投敌",狠狠地揍了他一顿。

家庭的背景,童年的打仗游戏,使小戴高乐从小就对军人很崇拜。有一天,放学回家,小戴高乐忽然对父亲说:"爸爸,今天老师问我的理想是什么,我告诉他,我将来要考圣西尔军校,当一名将军。"

听了儿子的话,父亲愣了一下。他知道,要考上这所著名的军校,并非易事。儿子虽然聪明,记忆力也强,学校的课程一般都难不倒他,只要用功,成绩就可以名列前茅。但这个孩子的兴趣太广泛,缺乏专注力。比如,他喜欢小说,经常用一宿的时间读完一本书,第二天上课就无精打采的,甚至打起了瞌睡;他还喜欢音乐,经常弹弹唱唱,可当家里给他买架钢琴后,他的兴趣又不在弹钢琴上了……充沛的精力,使他一刻也闲不住。因此对于学习,他总是集中不了精力,致使每次考试成绩都不是十分理想。为此,父亲一直为他的前程发愁。

"你的话是真的,还是随便说说?"父亲决定激他一下。

"当然是真的。我打算将来当一名勇敢的军人,在战场上拼杀,为祖国的荣誉而战。"小戴高乐严肃地说。

"你的想法不错,爸爸支持你,希望你将来能够成为一名出色的将军。可是,我实在对你没有信心,凭你现在的成绩,能考上一般的学校就不错了。"父亲唉声叹气地说。

"爸爸,你的意思是说,我考不上圣西尔军校?"小戴高乐着急了。

父亲点点头,不动声色地说:"不是爸爸给你打退堂鼓,而是你自己的成绩达不到。孩子,如果你再不刻苦学习,迎头赶上的话,想考上圣西尔军校那简直就是天方夜谭!"

父亲的话深深地刺痛了小戴高乐的自尊心。他的小脸涨得通红,呼吸也急促起来。但父亲的话切中要害,符合事实。从此,他像换了个人似的,集中精力读书学习,终于如愿以偿考上了圣西尔军校,后来成了真正的司令官。

俗话说"劝将不如激将",像戴高乐的父亲一样,适当地运用激将法来鼓励孩子是非常不错的。在做家务这件事情上,爸爸妈妈也可以使用激将法。

文文八岁了,做事情非常马虎。家里大扫除的时候,妈妈让他扫地和拖地,他随便扫一下、拖一下就完事了,然后高高兴兴地打起游

戏来。

妈妈忙完了自己的事情,检查了文文的大扫除"成绩"之后,对文文说:"文文,我真替你发愁呀!"

文文赶紧放下游戏机,问妈妈:"为什么替我发愁呀?"

"你看你,连地都不会扫,以后还能做什么事情?我怕妈妈老了以后照顾不了你,你会很可怜的。"妈妈严肃地对文文说。

文文一听,乐得笑起来:"妈妈,我不是不会扫,是我马虎了而已。"

"是吗?我怎么相信你啊?你看看你打扫的屋子,我不相信你能够把地扫干净、拖干净!"妈妈不屑地瞟了文文一眼。

文文有点急了:"不信是吗?我扫给你看,我今天一定要比你平时扫得更干净!"文文把游戏机关掉后扔进了抽屉里,然后仔仔细细地扫起地来。他花好长时间来扫地,把角角落落都扫得非常干净,还帮妈妈做了许多其他家务。

妈妈见此情景,适时地称赞道:"原来你这个大马虎干活也能这么细致啊!"

听了妈妈的话,文文不好意思地吐了吐舌头。

孩子的潜力是无穷的,马虎的孩子只要他们想做,也能做到细致入微。所以,家长可以利用激将法,适当地"刺激"一下孩子,让他们从"粗"变"细"。

对孩子进行中肯的评价

很多家长认为,孩子既然肯做家务了,即使做得马虎一点,也没关系,仍然要表扬、鼓励,这只会助长孩子马虎的坏习惯。当然,批评孩子也是不对的,毕竟孩子付出了劳动,一味挑剔会打击孩子的积极性。最正确的方式是给孩子中肯的评价,好在哪里,不好在哪里,比如"孩子,你肯帮家里擦地板,而且大部分擦得还可以,这很好,不过有些地方没有擦到,比如门背后、拐角,可以再去擦一下吗",这样的评价是多数孩子能够接受的。

PART 2
轻松搞定小马虎的招数

孩子马虎却不承认怎么办

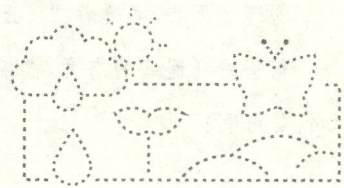

好多家长都抱怨,家里的孩子不仅马虎,还很倔强,明明是自己粗心大意犯了错,就是不肯承认!

遥遥的爸爸妈妈下班都比较晚,所以给遥遥单独配了一把钥匙,让他放学后自己开门回家。

这天,爸爸下班回到家,看到门上插着钥匙,心中一惊,难道孩子出了什么事?侧耳听屋内的情况,却听见电视机和孩子哈哈大笑的声音,于是心中石头落了地,推门进去。

"遥遥,你怎么那么粗心,把钥匙忘在了门上,就那样插着,坏人很容易进来的!"爸爸训斥道。

遥遥一愣,随即辩驳道:"我……我……不是我的错!我开门的时候正好妈妈打电话回来,我着急接电话,所以……"

"接电话就可以把钥匙忘在门上?"爸爸说。

遥遥低下头，嘟囔着："反正不是我的错，至少不全是……"

爸爸看到遥遥的态度，摇摇头道："这孩子，粗心大意还不认错，如何是好啊！"

明明是孩子粗心犯了错，可是他就是不承认，家长应该怎么对待这样的孩子呢？

了解孩子不认错的原因

孩子不认错，是有原因的：

第一，孩子没有错。有时候并不是孩子的错，如果是家长没有调查清楚事情的真相，就冤枉了孩子，那么，孩子是不会认错的。

第二，家长的态度。家长在质问孩子时的态度对于孩子是否肯认错也有很大的关系，如果态度很凶，那么孩子会害怕，甚至觉得爸爸妈妈都不爱自己了。试想，在孩子觉得"爸爸好凶，好吓人"的情况下，还要他承认自己错了，是不是有些勉为其难？

第三，害怕惩罚。孩子在承认错误之后，轻则会受到家长批评，重则还会遭到更严厉的处罚。家长认为自己是为孩子好，让他记住了，以后就不会犯同样的错了，其实，这样的做法，会让孩子害怕承认错误。

PART 2
轻松搞定小马虎的招数

❤ 鼓励孩子说实话

家长要鼓励孩子说实话,以亲切的态度告诉孩子:"做错了事没关系,只要勇敢地承认错误并愿意改正,就是好孩子。"同时家长要严肃地指出:"做了错事又不肯承认是错上加错!爸爸妈妈不喜欢这样的孩子。"待孩子表示认错后,家长要肯定他的进步,再帮助孩子分析错在什么地方,以及严重程度、不良后果等,教孩子应该怎样做,让他从中接受教训,为今后正确的行为打下基础。

❤ 不要采取打骂的教育方法

孩子虽小,但也有他独立的愿望,也有自尊心。孩子做了错事,家长采取打骂孩子的做法是一种失败的教育方法。家长要保持冷静的态度,分析孩子做错事的原因,本着重动机、轻后果的原则,原谅孩子因生理、心理因素及缺乏经验造成的过失。孩子毕竟是孩子,但是对其行为、品德上的错误则要毫不客气地给予严厉批评,绝不姑息迁就,以便帮助孩子明辨是非,增强道德判断能力,少犯错误。

家长要做孩子的好榜样

如果家长犯了错误能坦诚地说:"我也是刚开始当家长,有的地方做得不对,对不起。"那么,孩子也不会把这种错误放在心上。孩子会模仿父母的一举一动,如果做父母的自己犯错了却不肯承认,那么孩子将来也会变成一个不能勇于承认错误的人。

婷婷一家去商场买东西,到了午饭时间,三人在快餐店各自点了餐。爸爸由于当天的饭菜实在不对胃口,勉强吃了几口,就把饭菜倒进了垃圾箱。婷婷看到了,急眼了,对妈妈告状说:"妈妈,爸爸把饭倒了!"

平时,妈妈经常给孩子们讲要爱惜粮食,不能浪费,婷婷大多数情况下都能将饭菜吃完。

看着婷婷的认真样,爸爸虽然有意逃避,但还是诚恳地向孩子承认了错误:"对不起,爸爸做错了,爸爸今天胃痛,不敢吃太多,就只好倒了!"

"吃不了那么多,你可以少点一点啊!你这是浪费啊!我有时肚子也会不舒服,可我还是把饭菜都吃了!"婷婷仰着天真的小脸,真诚地教育起爸爸来。

爸爸被感动了,对孩子说:"爸爸错了! 罚爸爸今天什么都不能

买!谢谢你的提醒,爸爸以后再也不浪费粮食了!"

孩子当即笑了起来,神情中有一股干了大事的成就感。

可以想象,有这么一位勇于向孩子认错的爸爸,孩子怎么会"死不认错"?家长是孩子最好的老师,要求孩子做到坦然认错之前,每个家长都先要自己做到。

轻松搞定世界上"最马虎"的小孩

NO.4 纠正孩子学习中的马虎现象

孩子不细心检查作业怎么办

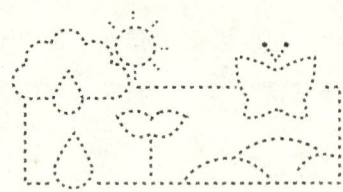

在孩子的考卷上,家长经常会发现有些题孩子明明是懂的、会做的,可到做时,还是弄错了,结果成绩明显不如别人。应该说,这样的孩子是很普遍的,其主要特点就是不会检查或不肯检查,即使检查的话也很粗心,不仔细。

顺顺期中考试刚结束,爸爸看着儿子入学以后的第一份正规考试试卷上的分数,皱紧了眉头。语文96分,数学只得了88分,要知道顺顺的好多同学都是考双百的,孩子到底是怎么回事?是不会做?是考试的时候不认真?还是有其他原因?

爸爸仔细看了儿子做错的题,在数学试卷中,顺顺把2写成了5,把一道题的加法做成了减法,把算小红花有几朵看成了算小黄花有

PART 2
轻松搞定小马虎的招数

几朵……在语文试卷中,顺顺把 b 写成了 d,把 biàn 拼成了 piàn,把"玉"写成了"王"……

"顺顺,爸爸不是告诉过你,做完试卷之后一定要反复检查,你检查了吗?"爸爸看过错题之后问。

"检查了,还检查了两遍呢!"顺顺委屈地说。

"可你看看你做错的这些题,平时作业当中都是做过的,怎么没有检查出来呢?"爸爸继续说道。

顺顺低下头没有答话。

爸爸心想,也许是自己以前只重视"让孩子自己检查",却没有重视教给孩子"如何检查",才导致了孩子在检查过程中马马虎虎,没有成效,爸爸决定在今后辅导孩子写作业的时候加强对顺顺的"训练"。

这天,顺顺写好数学作业后,照例开始自己检查,没两分钟顺顺就说:"爸爸,我检查完了!"

那么多题目需要检查,这么快就检查完了?明显是敷衍了事,爸爸问:"检查出错误没有?"

顺顺摇头。

"你检查题目时不能只用眼睛瞟一下呀,你得一道一道仔细地检查,计算题还要动笔算一次才行。"爸爸看了看顺顺做的题,接着说,"前面四题中我发现了三个'地雷',看你能不能把它们找出来改正!"

轻松搞定世界上"最马虎"的小孩

顺顺一听来劲了,果然仔细地检查起来,十分钟后就把"地雷"排除了。

就这样,爸爸先给儿子检查作业,告诉儿子在作业中有几处错误,让顺顺有一个明确的"扫地雷"目标。

慢慢地,顺顺的自我检查能力提高了很多,在接下来的几次小测验中分数也高了,成绩也稳定了。

作业做好后,孩子愿不愿意检查,会不会检查,能不能细心地检查往往关系到作业质量的好坏。做完作业后,仔细检查是非常重要的,它就好比一幢大厦建好后的工程质量验收,没有这一道验收程序,是不能交付使用的,如果验收不认真,是要承担责任的。因此,必须从小教孩子学会细心检查自己的作业。

❤ 孩子不愿意检查作业的原因

孩子为什么不爱检查作业呢?

第一,孩子有父母"帮忙"检查。有的孩子在小的时候(一般在小学低年级)做完作业,往家长那儿一推,让家长去检查,自己反倒觉得没事了。不少家长会非常仔细地帮忙检查一遍。这样做好不好呢?大量的事实证明,这样做不好!检查作业是完成作业的一部分,检查

的过程是综合运用知识的过程。家长帮助检查作业等于代替孩子做了其中的部分工作,这将助长孩子形成一种错误的认识:无论怎么做都不怕,反正有家长帮助检查。这样家长等于帮助其收拾残局。这样做也不利于让孩子学会检查作业,因为孩子只有在检查的过程中才能学会检查。

第二,孩子不会检查。很多家长像故事里顺顺的爸爸一样,会有意识让孩子检查,可是没有很好地指导孩子检查的方法,结果弄得孩子马马虎虎检查一下,敷衍了事。孩子根本不懂如何有效检查,当然就查不出错误,尝不到"甜头",从而对检查这项看似"额外"的作业缺失兴趣,不爱检查了,觉得检查是"浪费时间"。因此,家长要耐心地教会孩子检查的方法。

❤ 家长不要越俎代庖

作业要让孩子自己检查,家长不要越俎代庖,轻易代替孩子检查,要让孩子明白,检查是自己的职责,不要指望别人的帮助。当然,孩子比较小的时候,家长为了促进孩子养成良好的学习习惯,也可以进行检查,但是,不是针对作业内容本身进行检查,而是针对作业是否及时完成、是否有漏做现象、是否写得工整等方面进行检查。这种

检查将使孩子避免出现因贪玩而不负责任地赶作业的现象,有利于孩子养成良好的学习习惯。

也许有的家长担心,如果孩子做错了而自己没有检查出来,第二天会挨老师批评。一般来说,老师不会因为这方面的错误而严厉批评学生的,即使批评了,孩子一般都会从正面接受,从中反思自己的过错的。

不要告诉孩子差错之处

孩子做完作业后,家长可以快速浏览一下,一旦发现了差错,不要立即对孩子说出错在哪里,可以像故事中顺顺的爸爸一样,告诉孩子作业中有几处错误,然后退还给孩子,要他自己检查出差错,这样有利于培养孩子的能力。如果家长发现了错误就直接告诉孩子,甚至帮孩子改错,容易使孩子形成依赖心理。另外,孩子找到一个错误,家长就要肯定一次,待孩子全部找到差错后,再给予表扬,让孩子懂得:找到差错也是一种成功。

找出孩子没有检查出错误的原因

孩子没有检查出错误的原因一般有以下几种可能：

第一，读题不够细心。孩子在读题时将题目中的一些词的意思给搞错了，比如把算小黄花有几朵看成了算小红花有几朵。读题时，一定要让孩子将题目中的关键词与易混淆的词区别开来。

第二，运用知识不全面。例如：有一道题考查某个知识点，该知识点包括几个方面，孩子在运用该知识点解题时，只考虑到其中某些方面，即考虑不全面，导致出现错误。如果孩子检查作业时，顺着原来的解题思路检查，一般就不能检查出错误。

第三，作业不是孩子独立思考做出的。孩子虽然将题目做出，但并不一定是运用知识独立思考的结果，也许是模仿老师的解题格式，或者是跟着感觉等方式做出的。孩子一般有思维定式，认为老师今天布置的作业一定是运用今天讲的知识做的，不加思索就套用当天老师讲的模式做了。

教给孩子一些检查的方法

检查也是有一定方法的，学会一些检查的有效方法，孩子检查起

来会事半功倍。

第一,检查是否有漏做题。孩子马马虎虎,粗心大意,很容易漏做,在孩子做完作业后,检查的第一步就应该是让孩子数数一共做了几道题,然后和老师布置的作业的数量对一对,从大的方面先确定没有遗漏。

第二,检查关键处。检查作业时,让孩子对那些关键的部分要特别注意,比如数学上的运算符号、容易写错的几个数字等,语文中的形近字、同音字、偏旁部首、人名地名等,这些是很容易被弄错的。

第三,留意特别简单的题目。有些题目一看就会做,这些题目往往放在作业的最前面,因为它太简单了,有的孩子在做时,不动脑筋,想当然,结果错了,因此检查时,一定要特别留意。

第四,重做法。教孩子把题迅速重做一遍,看看两次结果是否一样;如果不一样,就对比一下,分析错误在哪一步,是什么原因,然后更正过来。

检查时要根据不同的题目采取不同的方法,孩子经常自我检查,就会熟练地掌握检查的方法,到考试时也能应用自如。

让孩子做家里的"小检查员"

平时在生活中,家长自己做的事也可让孩子帮助检查,比如自己写了一封信,可叫孩子看看有没有错别字或不通顺的地方;家庭的收支账,也可让孩子帮忙算算,看看有没有错的或漏的,当孩子发现差错时,要热情鼓励。

孩子写作业字迹潦草怎么办

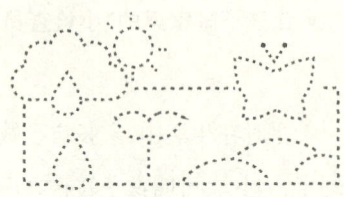

许多粗心的孩子在做作业的时候字迹潦草,马虎了事。家长指责他们的时候,还会有孩子倔强地说:"写字写那么好干什么?"遇到这样的孩子,家长该怎么办呢?

安安和平平是一对要好的朋友,他们从小就在一起长大,上学也是一个班。放学后,两个小朋友经常在一起做作业。

这天,安安和平平一起在平平家抄写生字,平平的妈妈走了过来,看见安安写的字工整漂亮,便忍不住夸奖道:"安安的字写得真好!哪像我们家的小马虎,字迹潦草,说了也不改!"在一旁的平平听见自己的妈妈夸奖别人,心里不是滋味儿,便嘟着嘴说:"写字工整有什么用?我的字没他的好看,可我还是全做对了啊,老师也没批评我!"

这话让安安心里很不好受。他从3岁开始练毛笔字,每天写几

PART 2
轻松搞定小马虎的招数

个,每个写几遍。到4岁时,安安写的字就很不错了。5岁的时候,安安的妈妈把2500个常用汉字打印到田字格上,从笔画少的开始,让他对着写,每天写几个,每个写10遍。这样到了6岁,安安能认2500个汉字,并且能写得很漂亮。可是自己一向引以为傲的本领,却被好朋友说成"没用",这让安安心里特别难受。

做完作业之后,安安的妈妈来接安安回家。在回家的路上,安安问妈妈:"妈妈,我的字写得好看是不是没有用?"

妈妈很诧异地反问:"你怎么会有这个念头?"

"是平平说的啊!"安安不满地说。

原来是这样,妈妈一时想不到怎么跟安安解释,便随便找了个话题岔开了。

晚上,妈妈又想起安安那不满的模样,心里琢磨是不是应该找老师谈谈,让老师表扬一下安安,不然的话安安练了几年的字和平平没练过字的一样,孩子该心里不平衡了。

第二天,妈妈就找到老师说了这件事。老师也意识到自己的不当之处。于是,老师在班里举行了"书法大赛"。这下安安可有"用武之地"了,一举拿下了冠军!

看着安安笑逐颜开的样子,妈妈开心极了。

现在很多孩子写作业时字迹都十分潦草,原因何在?

❤ 学校不重视

许多学校追求的是分数,往往忽视了学生综合素质的培养,而书写规范是对学生的基本要求之一。目前,有些学校已经开始重视孩子的写字问题了。比如天津市近年逐步强化对小学生汉字书写的培训,不仅把习字和书法列入必修课程,而且正在编写的一套地方课程教材中有《习字与书法》,这套教材将由政府买单免费发放给小学生。

❤ 家长不重视

父母是孩子的第一任老师,父母的行为会影响孩子的一言一行。一些家长不重视书法的启蒙教育,认为写字漂亮无用武之地,随着高科技的不断发展,所需要的字电脑都能打出来,手写的字漂亮又有何用?甚至一些家长的执笔和坐姿本来就不那么规范,孩子从小就受家长不好的书写习惯影响,习惯一旦养成,很难纠正。

PART 2
轻松搞定小马虎的招数

● 孩子不重视

就像故事中的平平,他认为自己马马虎虎写字没有什么不对,只要题目做对就行了。这种不重视也是造成孩子字迹潦草的重要原因。

看到孩子字迹潦草的作业本,家长可以做些什么呢?

● 告诉孩子字迹工整的重要性

字如其人。其实,写字具有很强的实用性。从平时的考试到升学考试,都需要学生动笔来答卷,字迹工整在考试中会占有很大优势。家长应从小重视学生书法方面的启蒙教育,这对孩子的一生都会有帮助。

不过,家长如果平铺直叙地告诉孩子字迹工整的重要性,孩子可能难以接受,这时候不妨采用讲故事的方法,让孩子在故事中懂得这个道理。下面的一个小故事可以给家长作为参考:

丁波写字特别潦草,为这事儿爸爸妈妈说过他好多次,让他安下心来好好练字,可是丁波从来不听。

轻松搞定世界上"最马虎"的小孩

这天,班里来了一位新老师,新老师让大家把自己的名字写在同一张纸条上,方便她上课的时候叫小朋友起来回答问题。纸条传到丁波手里,丁波大笔一挥,"龙飞凤舞"地写完了。

"丁零零——"上课了!新老师是教音乐的,她想让一个小朋友起来唱一首歌曲,便打开写有名字的纸条。

"丁三皮——"老师甜美的声音清晰地喊出了三个字。

"丁三皮?谁是丁三皮?"同学们交头接耳,"班里没有这个人啊!"最后班长走到老师跟前,看了看老师手里的纸条,恍然大悟说:"老师,他不叫丁三皮,他叫丁波,他的字写得太潦草了!"

老师仔细看了看,确实是丁波!等同学们安静下来以后,老师继续上课。

下午,老师带着同学们去医院进行常规体检,一番检查之后,同学们都安静地在大厅等待体检报告。

"丁三皮,丁三皮,丁三皮在哪里?"只听一个医生急促地呼喊着。

"这里,这里!"丁波吸取了上午老师把自己叫成丁三皮的教训,一听到这个名字便答应了。

"丁三皮,快过来!你的感冒很严重,赶快到医务室打针!"医生说完就拉着丁波的手往医务室走。

丁波一看见那粗粗的针管眼泪便下来了,他最怕打针了,可是没

PART 2
轻松搞定小马虎的招数

办法,谁让自己身上有感冒病毒呢!只能硬着头皮挨针了!

"哎哟!"随着丁波痛苦的叫声,针打完了。正当丁波穿衣服准备离开的时候,一个小朋友急急忙忙地跑进来:"医生……医生……你刚才找我?我是丁三皮……我刚刚上厕所去了!"

"你是丁三皮?"医生疑惑地看了看丁波和那个刚闯进来的小朋友,说:"我要找的是春天小学一年级的丁三皮,你们谁是?"

"我是,我是!"刚进来的小朋友急忙举手说。

"那你是谁?"医生生气地看着丁波。

"我是丁波,是森林小学的……"丁波一边说,一边逃离了医务室,原来自己白挨了一针,都怪自己写字太潦草,以后一定要听爸爸妈妈的话,把字写得既工整又漂亮!

给孩子请个好老师

孩子之所以对写字没有兴趣,很可能是因为"老师"不好。家长要针对孩子的性格,为孩子选择练钢笔字还是毛笔字,并根据孩子的性格选择合适的字帖,随后找一位专业的书法老师教授孩子,只要有老师(真正的老师和字帖"老师")的正确引导,加上诚恳想学的态度,孩子很快就可以写好字。

监督孩子持之以恒

要想孩子的字有突破，必须每天练习，持之以恒。家长不用要求孩子每天写很多，一般毛笔字一天写一页、钢笔字一天写五十个即可，而且是重复写三到五个字，这样就能做到重点突出，孩子操作起来也比较简便。练字不在于每天练很多，如果每天能写好一个字，甚至一个笔画都是一种很大的进步。写字的过程，也要像爱因斯坦小时候做板凳那样，要争取第二个比第一个好，第三个比第二个好，这样就可以杜绝抄字的现象，取得良好的效果。

找机会让孩子学以致用

对于这一点，家长可以像故事里安安的妈妈一样，建议老师举办一次"书法比赛"，让孩子学以致用，增加孩子学习的兴趣。在平时，家长也应要求孩子学以致用，把练习过的字，不失时机地应用到作业中去，凡是动笔写字绝不敷衍，绝不草率，这样，既能养成孩子良好的书写习惯，又能陶冶孩子的情操，锤炼孩子的品质。

PART 2
轻松搞定小马虎的招数

孩子总写错别字怎么办

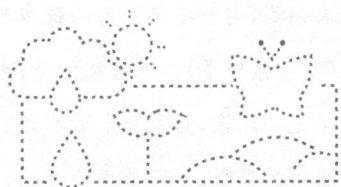

孩子写错别字是一个比较普遍的现象,只是在粗心的孩子身上,这个问题会比较突出。错别字太多,会影响孩子的阅读能力、写作能力,继而影响他的学习成绩,家长要及时纠正孩子的这个坏习惯。

❤ 让孩子认识到错别字的害处

家长知道写错别字会影响孩子阅读、写作等多方面的能力,但是孩子并不知道。如何让孩子意识到这一点呢?给孩子讲一些关于错别字的有趣故事吧,相信他们在笑过之后会有所收获!

故事发生在19世纪的英国,当时英国人在伦敦建造了一座铁桥,在铁桥落成仪式上,大家请维多利亚女王第一个通过铁桥。第二天报纸的大字标题原本应当是 Queen Passed(女王通过了),万万没

有想到,由于排字工人的疏忽大意,大字标题竟然变成 Queen Pissed(女王撒尿了)。更糟糕的是,维多利亚女王有一个习惯,那就是每天早上一起床,必须马上看报纸,为此,报社只好临时赶印了一份标题正确的报纸,专门呈送给女王,其他报纸则全部被销毁了。

一个字母的差错,使得报纸全部报废,这是排字工人粗心大意造成的后果!错别字看似小事,但是小事也可能带来大麻烦!

❤ 分析孩子写错别字的原因

第一,手眼脑不协调。对于孩子来说,手眼脑协调是一种特殊的技能,即当眼睛看到物体后,通过大脑皮层中的感觉中枢,进行由手操作的运动来完成整个协调活动。手眼脑协调能力对学习非常重要。有些孩子由于这方面的能力不强,就容易写错别字。

第二,视觉记忆能力差。记忆能力分为视觉记忆能力和听觉记忆能力,通俗地讲就是将看到的或听到的东西印在脑子当中。这种能力并不是每个孩子都是等同的,而是非常有差异性的,有些孩子属于听觉型的,容易对听到的东西记得特别牢;而有些孩子属于视觉型的,容易对看到的东西记得特别牢。对于视觉记忆能力差的孩子来说,他们不容易记住字形和笔画,容易写错别字。

第三，视觉分辨能力差。视觉分辨能力指的是将相近的东西分辨再认的能力。有些孩子早期的时候辨认拼音"b""p""d""t""f"等有困难，容易将"6"和"9"写反就是因为视觉分辨能力不强造成的。由于容易写错的汉字在字形上相差不大，所以视觉分辨能力差的孩子就容易写错别字。

第四，孩子的认知特点也决定了他们易写错别字。他们对新鲜事物有浓厚的兴趣，注意力很容易被周围其他因素吸引，往往对所学的新字还没注意看好，就走神了，这是孩子的通病。

第五，一般到二年级，孩子的错别字明显增多，因为学习的生字越来越多，容易写错的字也就越来越多，以前不会错的字反而会由于知识的增多而产生写错别字的现象，以前牢记的字也可能随着时间的推移而遗忘。

家长应端正心态

家长们不能一味地责怪孩子，首先要做到接纳、理解孩子，然后了解并分析写错别字的原因，想方法一起来训练与纠正。尤其不能惩罚孩子，不能让孩子罚抄字几遍、几十遍甚至几百遍，这种方式有害无益，既打击孩子认字、学字的兴趣，又不能从根本上解决问题。

用竞赛的方式鼓励孩子记字

例如给偏旁找朋友，给出一个部首，看谁写的字多，言字旁的字有说、话、谈、论、议、讲等，三点水旁的字有江、湖、河、海、清、沟等，既让孩子复习了生字，又让孩子感到很有兴趣。字写出来了，再用写出来的字比赛组词，看谁组得更多更好，这样使孩子记字时不离词，用词时又记住字。

在游戏中帮孩子记字

例如猜字谜，"先人后己——俄""一口咬掉牛尾巴——告""乘人不备——乖"，等等。当然也可以和孩子做做说反义词、同义词的游戏，家长说一个词，让孩子说出他的反义词或同义词。此外，家长可以让孩子用多种形式写字，比如在手上写字，在背上写字，在沙子上写字，写字时要求孩子一边写一边读，以增加信息输入的渠道。这种方法既有趣，又可以帮助孩子改掉写错别字的坏习惯。

PART 2
轻松搞定小马虎的招数

♥ 控制孩子使用涂改液或改正纸

建议家长控制孩子使用涂改液或改正纸，因为孩子在学习过程中，如果使用了涂改液或改正纸他们就会只知道字写错过，可是到底错在哪里就不清楚了。采用打"×"的方式，会引起孩子的重视与警惕，从而减少错别字的重现率，同时还能使孩子养成作业整洁美观的良好书写习惯。

♥ 建立错别字手册

家长可以为孩子准备一个小本子，出现错别字后，孩子马上把该字记在本子上，标号，并注明日期，下次再出现，就在字后注上第二个日期。如果隔一段时间，该字不再出错，就将其划去。在记与划之间，孩子会拥有一种成就感。这样，他会更有意识和动力去纠正错别字了。

♥ 提高孩子的视觉能力

家长要帮助孩子提高视知觉能力，特别是视觉分辨、视觉记忆和

手眼脑协调的能力。手眼脑协调能力可以做一些精细动作的训练等;视觉记忆能力可以进行强化瞬间快速记忆、右脑照相记忆的训练等;视觉分辨能力强化训练,可以进行相似物体、相似图形、相似字母和形近字的辨别训练等。有必要的时候,家长也可以向专业机构求助,对孩子进行系统化的训练。

帮助孩子找到错别字的规律

错别字是学习过程中经常遇到的情况,但是错别字也是有规律可循的,找准方法就可以让孩子最大限度地避免错别字。

第一,归类析异法。有些字的字形十分相像,只是一笔之差,或是某一笔、几笔的长短曲直略有不同,如果把这些字集中起来加以比较,找出各自笔画的特点,是可以帮助记忆的。例如,"成""戍""戊",笔画的特点是中间一笔有不同,可以概括为"点成,横戍,戊中空";再如"己""已""巳",笔画的特点是左边笔画的长短上有不同,可以概括为"开口己,半口已,闭口巳"。

第二,以音辨形。对于因形近而产生的错别字,如果读音有异,孩子在默读的时候,就可凭读音来锁定它。例如,"扑溯迷离","溯"读 sù,"朔"读 shuò,此处应改为"扑朔迷离"。

第三，形旁辨析法。汉字中的绝大多数是形声字，许多音同音近的形声字，都有共同的声旁，区别只在形旁，所以抓住形旁加以辨析，就可避免写错别字。例如，"国藉"应为"国籍"，"藉"从"草"，"垫、借"的意思，而"籍"从"竹"，"书籍、籍贯"的意思，因此应为"籍"；"幅射"应为"辐射"，"辐"是"从中心向四面八方伸展或传播"，而"幅"从"巾"，与布帛等有关，与词义不合。

第四，据义定形法。汉字的基本特点是音、形、义的统一，要正字，就应从三者入手，以义为纲，据义定形。如"不径而走"，成语的意思是"没有腿却能走，形容传布迅速"，"径"指小路，与词义不符，应为"胫"（小腿）；"责无旁代"，成语的意思是"自己的责任不能推卸给别人"，"代"是代替，应为"贷"（推卸）。

第五，来源推形法。对于不了解词语来源而写错的字，家长可以让孩子采用联想来源的方式推断。如"默守成规"与墨子有关，战国时的墨翟以善于守城著名，后称善守者为墨守，应为"墨"，不能误作"默"；"世外桃园"与陶渊明有关，他曾写下著名的《桃花源记》，应为"源"，不能误作"园"。

避免出现错别字的方法还有很多，孩子只要平时注意词汇的积累，读书时体会每个字词在句中的意思，勤查字典，透彻理解每一个字词的意思，这样，在使用汉字时肯定就不易出现错别字了。

孩子总是不认真听讲怎么办

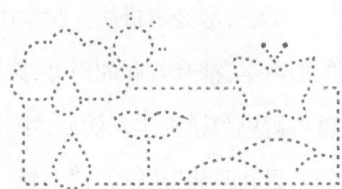

总有那么几个孩子,在老师上课的时候不认真听讲,总是漏听老师的一些话,下面故事中的波波就是一个这样的孩子:

"妈妈,什么时候开饭啊?"波波放学回来以后,冲着在厨房忙活的妈妈说。

"很快就可以吃饭了!"妈妈回答,"作业做完了没有啊?先做作业吧!"

"做完了,今天作业少!"波波回答。

妈妈不放心,看了看波波的家校联系本——上面专门记载着每天的作业,不错,波波确实完成了今天的作业,妈妈也就不多问了。

第二天,妈妈接到老师的电话,说波波的作业没有完成,让家长负起监督的责任来。

妈妈觉得很冤枉,自己已经对照家校联系本检查过了啊,怎么还

会没做完呢?这天,波波放学回来了以后,妈妈问起此事。

"哦,我没听见语文老师说还要抄写词语,所以没写。"波波满不在乎地说。

"那老师讲的时候怎么不仔细听呢?"

波波撇撇嘴,不再说话。

"你平日里马虎大意,我睁只眼闭只眼,摔破杯子、盘子,我都不骂你,可是为什么现在连听课都这么不仔细呢?看来我以后得好好管管你了!"妈妈生气地说。

听讲,是学生获取信息的重要途径,听讲能力的高低是影响孩子成绩好坏的重要因素。如果孩子上课听讲不认真,马虎了事,听讲能力差,那么家长可以尝试这样做:

从日常生活习惯做起

在生活中,家长可以有意识地训练孩子的听讲能力,如安排三四件事,告诉孩子先做什么,后做什么,最后做什么,家长观察孩子是否能按要求去做;每天回家可以先问问孩子上课时老师都讲了些什么,听懂了多少,老师有没有表扬他,以此摸清孩子上课听讲的情况。如果孩子听课很马虎,跟不上老师上课的节奏,一方面让孩子必须抓紧

时间补上落下的课程,另一方面要加强孩子的听讲能力。

● **和孩子的"左邻右舍"搞好关系**

马虎的孩子往往自制力有限,这时候,家长可以向孩子的"左邻右舍"借力——寻求孩子同桌的合作与帮助,让孩子在控制不住自己的时候,有人对其进行善意的提醒。所谓"近朱者赤,近墨者黑",在学习习惯较好的同学的带领下,孩子会较快地摆脱上课不认真听讲的坏习惯。

● **用故事影响孩子**

家长的说教往往没有故事对孩子的影响力大,所以,不妨给上课不认真听讲的孩子讲讲下面的故事吧!

王说说的名字取得真是恰如其分,他特别能说。你看,他连上课的时候都不认真听讲,嘴从不闲着:

"你的水壶真漂亮,在哪儿买的?……"

"这道题你做得不对,看我的……"

PART 2
轻松搞定小马虎的招数

"哇,窗户外面有两只喜鹊,它们可真漂亮……"

老师对上课爱讲话的王说说感到无奈极了,批评了他无数次,王说说虽然总是积极认错,却从不改正。

这天,王说说的班里来了一位新老师,这位老师刚从魔法学校毕业,听说这个班里有一个特别爱说话的同学,就专门来会会他。

"今天,我们一起来学习第一课《美丽的小河》。"老师正准备为大家朗读的时候,就听见王说说说:"我家门口也有一条小河,一到夏天,河里有可多鱼呢……"

"王说说,你又在说话了是不是?"老师责问道。

王说说吐吐舌头,忙认错:"我错了,我错了,我再也不随便说话了!"

"春天,小河里有青青的水草,鱼儿在水草中……"老师刚开始读,又听见王说说说:"你的橡皮真好看,在哪儿买的啊?"

"王说说",老师停下来,微笑着说:"早就听说你爱说话,果然是这样。这么爱说话的你,一张嘴肯定不够用吧?从现在开始,你上课多说一句话,你的嘴巴就会多长一张。"说着,他在王说说的脑袋上轻轻一敲便走开了。

王说说不知道老师是从魔法学校毕业的,根本没当回事儿,照旧讲话,但老师再也没有管他。

下课后,王说说正准备去操场玩耍,却听见同桌胖胖惊呼:"呀,你背后怎么长了这么多嘴巴?"王说说听后赶紧去照镜子,真的,自己背后真的多了很多嘴巴,仔细一数,恰好100张。

有100张嘴的王说说在学校里一下子成了"大怪物",再也没有小朋友愿意和他一起玩,大家都远远地躲着他。

"大怪物"王说说孤独极了,一个人放声大哭了起来。老师听到了哭声,便走过来对王说说说:"想不想变成只有一张嘴巴的王说说?"

王说说还没来得及擦眼泪,就忙说:"想!"

"很简单,从今天开始,你一天上课不随便讲话,认真听讲,身上的嘴巴就会少一张。"老师说完就走了。

王说说为了变回以前的样子,上课时开始忍着不说话。慢慢地,100天过去了,小朋友,你猜猜,王说说背上的嘴巴还剩几张?

上课认真听讲是学习的基础,家长可以多给孩子讲讲有关的故事,给孩子以正面引导。

❤ 训练孩子的听讲能力

人的听知觉能力包括分辨能力、记忆能力、理解能力、编序能力

和听说结合能力。家长可以尝试按以下方法训练孩子的听讲能力:

第一,训练孩子的分辨能力。听觉的辨别能力是指接受和辨别各种声音的能力。孩子听觉分辨能力的低下会造成对相差不大的声音产生混淆,进而影响听课的效果。家长可以经常让孩子分辨声音的高低、音色、声源等,以此来增强孩子的听觉分辨能力。

第二,训练孩子的理解能力。听觉的理解能力是指孩子能辨别声音和理解话语的能力。家长要多与孩子交谈,多让孩子接触各种声音,多充实与孩子生活相关的词汇。比如,口头布置任务让孩子完成,对成语故事做判断并回答问题等。

第三,训练孩子的听觉记忆能力。听觉的记忆能力是指孩子能保持并复述所听到的各种信息的能力。通过听觉记忆能力的训练,不仅可以加强孩子听觉的记忆力和听知觉的广度,减少孩子对较长的听觉信息无法记全等情况的发生,而且还可以促进孩子进行新老知识的联系,产生联想,加强对所学知识的理解力。家长可以选择一些孩子感兴趣的、难度不同的语句,叫孩子认真地听并让孩子模仿表述出来,以此来提高孩子的听觉记忆能力。

第四,训练孩子的编序能力。听觉的编序能力是指孩子能将过去听觉所获取的资料以正确而又详细的先后顺序回忆出来,以及将所获取的听觉信息加以组织使之有意义的能力。它对孩子将所学知

识有系统地保留下来是非常有益的。通过让孩子听故事并复述出来、顺背倒背数字等方式可以提高这方面的能力。

第五,训练孩子的听说结合能力。在现实生活当中,听和说总是密不可分的,不会听讲的孩子,说话时总是语无伦次的。听与说的结合涉及孩子对词汇的联想、推理、分析和判断能力。家长可以通过训练孩子学说同义词、反义词,听音乐进行联想,将句子补充完整,听故事,自编故事结局的形式来训练孩子的听说结合能力。

PART 2
轻松搞定小马虎的招数

孩子学习时间一长就马虎怎么办

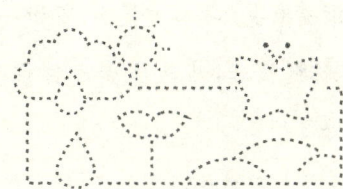

有这样一类马虎的孩子,他们一开始学习的时候认真、细心,可是只要学习了一段时间,便开始倦怠,做作业会错误百出,上课也会变得心不在焉……

轩轩快考试了,所以这阵子老师布置的作业特别多。妈妈怕轩轩不能完成,所以不时地过去检查一下。

头几次,轩轩字迹工整,每道题都认真完成,没有什么错误,妈妈很满意;可是一个小时之后,情况大不一样,轩轩的作业开始错误百出,字迹也潦草了许多,妈妈有点生气了。

"认真写作业,不要虎头蛇尾,一开始不是写得挺好的吗?"

轩轩抬头看看妈妈,不说话。

"等一会儿我再过来检查!"妈妈撂下话就走了。

半个小时后,妈妈再次检查轩轩的作业,发现她并没有做多少,

准确率也只是稍有提高,不如一开始的时候,不由得怒上心头,骂道:"你这孩子,马马虎虎应付谁啊?作业做成这样,你还想不想考好了?"

轩轩被妈妈骂哭了,转身跑出了房间……

面对这样学习时间一长就开始马虎的孩子,打骂一定不是好方法,那么,家长应该怎么办呢?

理解孩子的虎头蛇尾

一个大人长时间做一件事情,即便是很简单的事情,效率也会降低,能力也会减弱,何况孩子呢?孩子长时间学习,会感到疲惫、烦躁,所以就开始马马虎虎,草草了事,想早点结束学习任务。家长不要责怪孩子没耐心、没定性,孩子年纪还小,而学习内容相对枯燥,对于孩子来说,坚持仔细、认真地完成学习任务是不容易的。

让孩子劳逸结合

让孩子长时间只做一件事——学习,就等于让一个人一年到头

PART 2
轻松搞定小马虎的招数

只吃大鱼大肉,即使最爱吃这些食物的人也是会腻的,而且这样做对孩子的身体健康也有很大的负面影响,家长要明白劳逸结合的重要性,让孩子学一段时间就休息一会儿。

"药王"孙思邈自小聪明过人,而且特别喜欢读书。他七岁的时候,就能够认识一千多个字。童年的孙思邈体弱多病,虽然家境比较富裕,但父母为了给孙思邈治病,到处求请名医,这个殷实之家逐渐陷入了贫困。

孙思邈看到父母为难的样子,再加上他经常看到其他穷苦的老百姓生了病没有钱医治,只有悲惨地死去,就暗自下定决心,为了天下的穷苦百姓,一定要成为一个治病救人的医生。于是,孙思邈更加努力地读书学习。

父亲看到儿子这样,既高兴又担心,高兴的是孩子这样好学,将来一定会有出息的;担心的是儿子体弱多病,能有未来吗?

有一天,看到孙思邈又在抱病夜读的时候,父亲就对他说:"孩子,你知道读书上进,我真的很高兴,可是,你病成这样,读再多的书又有什么用呢?你立志学医治病救人,可是,你如果这样熬下去,连自己的性命都难保,更不要说去救别人了。"

父亲的一席话让孙思邈茅塞顿开,于是,他决定要劳逸结合,在勤奋读书的同时,也注意运动、休息。因为他有顽强活下去的意志和

良好的愿望,再加上他不断调理自己的身体,慢慢地,他的身体居然逐渐康复并且日益强健了。

劳逸结合,不但有助于孩子改掉虎头蛇尾、马虎粗心的坏毛病,对孩子的身体健康也大有裨益!

培养孩子持之以恒的精神

家长一方面要科学安排孩子的学习时间,让孩子劳逸结合;另一方面也要培养孩子持之以恒的学习精神,不能助长孩子虎头蛇尾的学习习惯。

第一,随机教育。教育应该蕴含在生活中,不用刻意,家长要抓住一些机会,随时随地给孩子以正面的影响。

竺可桢,是中国近代地理学和气象学的奠基人,学识渊博,在气象学、地理学、自然科学史等方面都有卓越贡献。

竺可桢从小就非常爱学习,还爱动脑思考问题。他的家乡雨水特别多。下雨的时候,雨水从他家的屋檐上落下来,滴落在房前的石板上,发出"滴滴答答"的响声,十分悦耳动听。

有一次下雨,竺可桢站在房门口,数那滴答作响的水滴,一滴,两

PART 2
轻松搞定小马虎的招数

滴,三滴……忽然,他像发现了什么奇迹,目不转睛地盯着一块石板:"咦,这块石板上怎么有一个一个的小水坑呢?而且水滴正好滴在这些小水坑里。"他又仔细观察了一下其他的石板,发现上面也有许多小水坑。这些小水坑到底是怎么形成的呢?他想了半天,也弄不明白是怎么回事,便跑去向父亲请教。

父亲听了儿子的问题,感到由衷的高兴,他耐心地向儿子解释道:"儿子啊,这就叫作'水滴石穿',那些小坑是被雨水砸成的。别看一滴一滴的小雨滴没什么厉害的,但是,天长日久,就会把石板砸出小坑了。"父亲的话锋一转说道:"孩子,你要记住,读书做事,也是这个道理,只有持之以恒,坚持下去,才会有所成就。"

这件事给竺可桢留下了深刻的印象。从此,"水滴石穿"的教诲成了竺可桢一生的座右铭。从小学到中学,直到大学,他一直用"水滴石穿"来激励自己,学习成绩一直很优秀。后来,这句格言又伴随着他从绍兴家乡的小镇走向了全国,走向了世界。1910年,20岁的竺可桢到美国留学,8年后获得哈佛大学博士学位回国,然后一直从事气象事业,取得了辉煌的成就。

看似不刻意的教育,能够让孩子印象更深刻。生活中有很多细节,都可以教育孩子持之以恒,比如孩子走累了,要抱;打游戏总也过不了关,想放弃;一首曲子怎么也弹不好,准备发脾气……这些都是

教育孩子的好机会!

第二,善于培养、保护和利用孩子的兴趣。兴趣,能激发孩子参加活动的积极性,促使孩子在活动中表现出更强的意志力。所以,在家庭生活中增添活动和学习内容的趣味性、生动性,让方式灵活多变,如多采用游戏、比赛、表演、抢答、故事等形式,使活动过程本身就能吸引孩子,这对孩子善始善终地做某件事能起促进作用。

第三,帮助孩子制定具体、可行的学习目标。目标是某一行动要达到的某种意想结果的标准、规格或状态,它制约着行为的方向。一个人只有主动、自觉地去实现既定的目标,为实现目标而不懈努力,才体现出他的恒心。对孩子而言,只有具体的、可行的目标,才有可能促使他为实现这一目标而努力。

所谓具体的目标是指该做什么,怎样去做,要达到怎样的要求必须一清二楚;所谓可行的目标是指目标必须与孩子的年龄、经验、能力水平相适应,是孩子在经过自身的努力后能够实现的,可见制定目标应该恰到好处,既不能定得太低,也不能定得太高——太低,孩子学不到新东西,没有学习的兴趣;太高,孩子难以实现,即使有一定毅力的孩子也会放弃。因此,只有在短期内经过孩子的努力可以实现的目标,才能激励孩子去努力进取。当孩子完成一个目标后,成功的喜悦会强化孩子的进取精神,激起他确定下一个目标的热忱,从而养

成不断进取的习惯。

第四,让孩子学会自我监督。对某件活动要持之以恒,必须靠自己的自觉行为,因此,让孩子学会检查、监督自己是否朝既定的目标努力是非常必要的。

培养孩子学会自我检查和自我监督,可以从父母的检查和鼓励开始。例如,与孩子共同确定某种活动目标后,父母每天检查孩子完成的情况,并让孩子自我评价做得怎样,对孩子的良好表现给予鼓励,对做得不够好的要引导、激励孩子改正。

当孩子大一点后,父母可以为孩子制作一张"自我鉴定表",让孩子对完成学习计划、养成良好行为习惯,或者实现某种活动目标等情况进行自我评分,并定期把"自我鉴定表"送交给学校老师,让老师了解、表扬孩子的自觉行为,对孩子的自我监督进行督促。在不断自我评价、自我监督中,孩子才能养成督促自己持之以恒地从事某项活动的习惯。

孩子因为贪玩而学习马虎怎么办

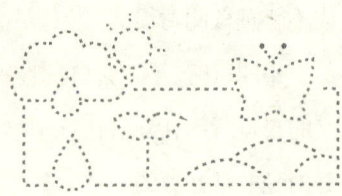

贪玩的孩子有时为了多"挤"一点时间出来玩,学习起来马马虎虎,能多快就多快,结果玩是玩得尽兴了,学习上却是错误百出,让家长头疼不已。

源源特别喜欢小姨昨天送给他的那套积木,但是妈妈让他做完作业之后才能玩,所以,源源今天"火速"完成了作业,玩起了积木。

妈妈下班回来后,照例检查起源源的作业来,结果让妈妈非常生气:语文十个词语抄错了两个,"今天"写成了"令天","详细"写成了"祥细";数学五道题错了三道,全是因为运算符号看错了。这些都是由源源马虎大意造成的,妈妈怎么能不生气呢?

"源源,过来!"妈妈生气地大吼,"看看你做的题!"

"怎么了?"源源喏喏地问。

"你自己检查,看看有没有错!"妈妈把本子甩在源源面前。

PART 2
轻松搞定小马虎的招数

源源红着脸,检查起来,很快他就发现了错误,赶忙改正。

"为什么做成这样?"妈妈的气也消得差不多了。

"我急着玩积木,所以马虎了……"源源解释道。

"下次不许了,怎么能因为贪玩而不认真学习呢?听见了吗?"源源点点头,表示下不为例。

爱玩是孩子的天性,有时候天性一时"控制不住",那么就会造成因为贪玩而影响学习的情况。家长在这时候,应该做些什么呢?

❤ 和孩子一起制订计划

关于什么时候玩,什么时候学习,家长可以和孩子讨论,然后制订计划,帮助孩子克制贪玩的天性。

和其他家庭还没放假就忙着与孩子一起制订假期学习计划不同,欧欧家是一放假就和孩子一起制订假期玩乐计划。根据孩子的提议,欧欧的爸爸妈妈先确定每个周末的常规活动项目,然后是每人提供一个外出旅游的候选地点,三人投票决定最后的去向。今年他们定下来是八月初出发,用两个星期的时间到新疆走一圈。这些再加上孩子每天的娱乐,就构成了欧欧家的暑假玩乐计划书。

但是，欧欧想要100%地兑现这些玩乐计划也不是那么容易的，他必须每天按时按量地完成一定的学习任务，并且通过爸爸妈妈的考核，才能够和爸爸妈妈一起进行周末游、长线游……

欧欧的爸爸妈妈是从孩子四年级时开始采用这种方式和孩子一起制订计划，协调假期学习和玩乐的关系的。第一年暑假，孩子没有按照要求按时按量完成功课，爸爸妈妈就两个人出去旅游了，将孩子放在姥姥家。旅游回来后，他们拍的那些丰富多彩的照片深深刺激了欧欧。之后的几个假期，不用爸爸妈妈多说，欧欧就会自觉安排好每天的学习时间，然后和爸爸妈妈一起尽情玩乐。

欧欧家的这种计划模式是一种很不错的假期模式，这样既满足了孩子爱玩的天性，又使他们有了学习的动力。家长要根据自己孩子的情况，为孩子制订学习计划，帮助孩子摆好玩耍和学习的天平。

把玩与学结合起来

孩子喜欢玩，这个本来无可厚非，但是孩子因为贪玩而耽误了学习让许多家长非常烦恼。家长不妨试一试把玩与学结合起来吧！

放暑假了，丫丫的暑期作业还真不少，爸爸妈妈也不能让女儿把

时间都花在玩上。让孩子自己约束自己肯定太难,爸爸妈妈就动了些脑筋,将玩与学结合在一起,把女儿的学习也变成游戏。比如角色扮演的游戏,女儿当老师,父母当学生,白天爸爸妈妈上班的时候让丫丫在奶奶的监督下"备课",也就是把学过的词语复习抄写一遍,晚上爸爸妈妈回来,就让她给爸爸妈妈上课。女儿很看重这个"老师"的身份,所以备起课来十分认真。

另外,就算是玩游戏,爸爸妈妈也想了好多种,一般不会让女儿一个人待在电视或电脑前。家里有很多益智玩具,像拼图、碰碰吸,只要有空,爸爸妈妈就陪她玩,跟她比赛,既好玩又开发智力。

这样算起来,故事中的丫丫一天到晚都是在玩,但是她并不会因此耽误学习,反而会学到很多东西。所以,孩子爱玩的天性只要被稍加引导,并让它与学习结合起来,就能发挥很好的作用。

让孩子少和那些贪玩的孩子在一起

家长应让孩子少和那些贪玩的孩子在一起,但不要强令禁止,以免引起孩子的"逆反心理",影响孩子的交往能力。家长可以有意识地让孩子与那些把学习和玩安排得很好的孩子多相处。

轻松搞定世界上"最马虎"的小孩

钢钢有个表姐,她在学习、性格、自制能力方面都不错,而且颇有"领袖气质"。去年暑假,爸爸妈妈就把钢钢送到表姐家,大孩子管小孩子绝对比爸爸妈妈直接管教有效,没多久,钢钢就被表姐管得服服帖帖。据钢钢说表姐本事大得很,功课上有问必答,做游戏花样百出,玩电脑只赢不输,他从表姐那里学来不少本领,表姐是他的偶像。他们一起玩游戏,一起学习,每天忙得不亦乐乎!爸爸妈妈看在眼里喜在心头,孩子的玩和学被引上了轨道。

一个暑假下来,孩子玩得尽兴,也学得开心。今年放假前,孩子就提出要到舅舅家找表姐玩,爸爸妈妈一口答应了。

故事中一句话说得很对:"大孩子管小孩子绝对比爸爸妈妈直接管教有效!"家长可以试一试,说不定也会有意想不到的收获!

PART 2
轻松搞定小马虎的招数

孩子喜欢边看电视边学习怎么办

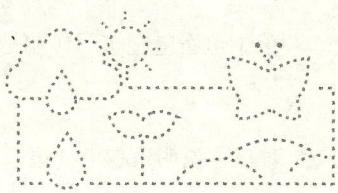

有的孩子喜欢一边看电视一边学习,这个习惯非常不好,不利于培养孩子的专注力,也不利于提高孩子的学习效率,而专注力和学习效率低恰恰是诱发马虎行为的重要因素。

春春和妈妈去邻居美美家玩,发现美美正在一边看电视一边写作业,美美的妈妈也不管。这引起了春春的强烈不满,回家后,春春就开始"发飙":"妈妈,美美都可以一边看电视一边做作业,为什么我不可以呢?这样每次放学晚的话,我既可以不错过动画片,又可以完成作业,不是很好吗?"

"一边看电视一边做作业是个非常不好的习惯,美美的妈妈总是说美美粗心,做作业错误百出,我想可能就是她一边看电视一边做作业造成的。这两件事情一起做,不光做不好作业,也不能尽兴看电视。"妈妈解释道。春春嘟着嘴,不再说什么。

 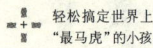

孩子边看电视边写作业是个坏习惯,家长要帮助孩子尽快改正。

❤ 对孩子说明边看电视边学习的危害

专家研究发现,边看电视边学习会影响孩子正常的脑力活动,会给大脑输送有害的信息,从而影响孩子的智力发育。除此之外,美国神经科学家加雷·斯默警告说,在性格形成时期总是"边看电视边学习"的孩子会失去发展那些成长缓慢但至关重要的社交能力,他说:"随着大脑神经系统能力的下降,人际关系和社会交往能力将变得很糟糕,我们会误解甚至无法理解那些微妙的、非言语的信息。"

❤ 父母要进行自我反省

父母要进行自我反省:自己是不是边做事情边看电视?如果父母不能正确地使用电视,那孩子也就不能健康地利用电视。父母应该以身作则,及时纠正孩子的不良习惯。

PART 2
轻松搞定小马虎的招数

科学指导孩子看电视

每个孩子都愿意看电视,电视提供了符合孩子年龄特征的文化娱乐活动,有助于孩子认识五彩缤纷的大千世界。从一定意义上讲,电视是孩子们的"第二家庭""第二课堂"。如果孩子不是边学习边看电视,那么家长还是可以放手让他们多看看电视的。但是,如果不加选择地什么都看,也会给孩子带来消极的影响。所以,孩子看电影电视,需要家长给予必要的指导。

第一,要有所选择。

因为工作忙,炎炎的爸爸妈妈以前没有限制孩子看电视,孩子打开电视机,无论什么节目都看,恐怖片、战争片、爱情片,他都看得津津有味。耳濡目染,孩子也学会了"张牙舞爪",嘴里经常冒出几个在他这个年龄不应有的词汇。孩子觉得很好玩,家长却很担忧。后来,爸爸妈妈对孩子看的电视节目进行了筛选,对不适合孩子看的电视节目进行限制,尤其是收费频道的节目。结果,孩子失去了模仿的对象,很快就"荒废"了他的"武功",也淡忘了那些情呀爱呀的情节,只关注他最喜欢的动画节目了。

现在的电视节目异彩纷呈,令人眼花缭乱,对孩子的吸引力极

大。家长应该帮助孩子选择那些内容健康、情节感人、积极向上的节目来看。

第二,要有所约束。

彬彬看电视的时候,能一动不动地连续看而不觉得厌烦,经常因为看电视而导致吃饭马马虎虎、作业马马虎虎。妈妈劝他少看,他振振有词,总是以马上就播放他最喜欢的节目为借口来应付妈妈。孩子最喜欢的节目当然要允许孩子看,但时间就这样在"一会儿一会儿"中过去了。后来妈妈和孩子约定,只许他看自己最喜欢的节目,什么时间开始,什么时间结束,都给他注明。孩子有了约束,就再也不能找借口赖在电视机前了。

约定好开始和结束的时间,不到时间不许打开电视机,也不能找理由拖延时间,小小一个约定,使孩子看电视的问题变得简单了。家长可以借鉴彬彬妈妈的做法,对孩子的看电视行为加以约束。

第三,功夫在"室外"。

小语看了《西游记》《三国演义》等电视剧,妈妈借机又给小语买回来与之有关的图书,指导孩子阅读,让孩子加深对原作品的理解。以前,孩子不喜欢看课外书,现在小语经常嚷着要妈妈给他买书看。还有,当小语看了《动物世界》等节目后,妈妈带他到动物园,让他实

PART 2
轻松搞定小马虎的招数

地看看黑猩猩是不是真像五六岁的孩子那样聪明,大象的鼻子是不真的那么灵巧,能拾起一根绣花针。通过实地考察,加深孩子对动物的印象,使他开阔了视野,增长了见识。

可见,怎样让电视成为孩子学习成长的好助手,关键还在于家长的教育引导。如果引导得好,电视可以成为孩子学习、娱乐的重要工具。

第四,要培养习惯。除了不能边看电视边写作业外,还有一些看电视习惯需要家长注意,比如一边吃饭一边看电视,歪着身子躺在沙发上看电视,看电视的时候离电视机很近,这些习惯都会对孩子产生不好的影响,应予以及时纠正。

第五,要适当评点。对于看电视这件事情,如果引导得好,会使孩子从中学到许多书本上学不到的知识,明白善恶美丑,知道荣辱耻信等。

咪咪特别爱看动画片,比如《电击小子》《哆啦A梦》等。妈妈经常在和咪咪讨论故事情节的时候告诉她,机器人卡比做得对,路比做得不对;胖虎虐待小动物、欺负老人,虽然情节看起来很搞笑,但他的行为是不对的,不能学他;还有《神厨小富贵》中的小李公公,阴险狡猾,点子多、心眼坏,不能学他……妈妈还告诉咪咪,有的电视节目的

内容是根据艺术的需要虚构的,在现实生活中是不可能存在的。妈妈这样做,能让咪咪明辨是非,对咪咪逐渐养成良好的道德品质肯定有益处。

电视影响孩子生活的方方面面,家长要对电视节目做出适当的评价,科学引导孩子形成正确的人生观、价值观。

PART 2
轻松搞定小马虎的招数

NO.5 培养孩子不马虎的应试好习惯

学习动机不正确易导
致孩子马虎应试

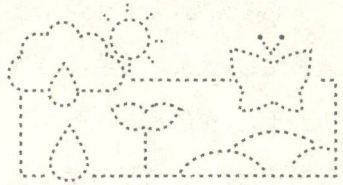

　　学习动机是直接推动学习的一种内部动力,是激励和指引人学习的一种需要,孩子能不能学得好,首先要解决的就是他的学习动机问题。如果把学习比作开车,那么缺乏学习动机就好比不知道自己究竟要去哪里。有些孩子看起来学习很用功,可是考试总考不好;有些孩子平时看起来并不怎么用功,甚至看上去有些散漫,但考试分数总是名列前茅,究其原因也许就在于此。

　　刚上高一的梦梦,每次月考都是马马虎虎应付了事,她的总分排在全班倒数之列。老师找梦梦谈话,她直言不讳地说:"今天我坐在这里读书,完全是我父母的意思,否则我早就不上学了。别以为那些学习用功的人有什么了不起,现在大学毕业生也有好多找不到工作。

告诉您,高中一毕业我就要出国留学了,我今后绝对比班上那些学习好的同学有出息!"

说者无意,听者有心。老师从梦梦将来要出国的信息入手,敏锐地感觉到,她虽然厌学,但至少在学英语方面应该有自我提高的内驱力。于是,在经过一番长谈后,老师专门与英语老师协商为梦梦制订了循序渐进、长期坚持的激励方案——低起点、小步走、慢要求、多台阶。

在后来的英语课上,英语老师对梦梦的提问,都是十分简单的口语练习,目的就是为了刺激她不断开口练习。只要她的回答还过得去,老师就表扬她、鼓励她;每次考试只要有进步,老师就称赞她有悟性;即使考得没有过去好,英语老师也宽慰她成绩有反复很正常,鼓励她不要灰心,继续努力。

老师还在私底下对她说:"相信你将来一定能顺利实现留学目标。将来到了国外,可不要忘记老师哦!"

所有这些举措,都大大增强了梦梦学习英语的动力。高一时她的英语测试成绩还只有40多分(满分150分),快高中毕业时她的英语测试成绩已经名列前茅,每次都在130多分。在英语学科的带动下,梦梦的其他各门功课也都有不小的进步,高考总分在全班处于中等偏上水平。

学习动机对学习的促进作用,主要表现在决定学习方向、增强努力程度方面,它能在一定程度上直接影响考试分数的高低。如果孩子的学习动机正确,那么考试的积极性就高;如果孩子的学习动机不正确,那么就容易用马虎的心态来应付考试。家长如何帮助孩子树立正确的学习动机呢?

❤ 父母对孩子的期待直接影响孩子的学习动机

学习动机原理表明:父母对孩子学习动机的态度,对于孩子的学习成绩来说会有很大影响。在各种学习动机中,外部动机,尤其是家庭环境与社会舆论,对学习动机的影响极大。所以,家长能否正确对待孩子的学习动机,就显得很重要。

父母对孩子的期待,会内化为孩子的自我期待。如果单从父母的态度来说,在父母注重家庭教育的家庭中,孩子从小就可以学会分辨社会上的各种舆论,对错误现象进行抵制,形成正确、健康的学习动机。

美国心理学家凯尔和赫尔赛,通过对两组准备上大学的男孩的研究发现:父母的期望和家庭教育对孩子的学习成绩有很大的影响。究其原因,父母对孩子的期待,能够内化为孩子的自我期待。也就是

说,如果父母喜欢学习,经常关心孩子的学习,孩子的考试分数就容易提高;如果父母对孩子的学习漠不关心,时不时说些"读书没啥用""赚钱才好"之类的话来打击孩子的学习士气,孩子的考试成绩就很难高到哪儿去。

美国著名运动员刘易斯11岁时,就梦想着有一天能打破比蒙创造的8.9米的世界跳远纪录,为此,他经常用尺子去量这个长度。可是每次参加比赛,他却总是失败。

在又一次失败后,绝望的刘易斯大哭着说:"我输够了!输够了!"

父亲微笑着说:"伙计,现在你唯一要做的就是开始赢!"

将这种家庭期望转化为内在动力后,刘易斯不仅以8.91米的成绩打破了世界纪录,而且连续四届奥运会都获得跳远金牌,创下了一项世界奇迹。

孩子并不都是天才,这时候的父母该怎样来表达父母对孩子的期望呢?最简单的做法是,在孩子的作业本上签字时,写上几句表达希望的话,鼓励孩子奋发向上。

注重提高成就动机

学习成绩好不好,与有没有一个恰当的成就动机有关。学习动机的核心是成就动机。成就动机是指追求较高的目标、完成困难的任务、竞争并超过别人的愿望和倾向。孩子如果学习动机较低(说穿了就是自己不想学),或者父母只要求他们识几个字、混个文凭,他的想法表现在学习上一般就是得过且过,只求"60分万岁",考试分数当然也就上不去了。

对这样的孩子来说,正确认识自我,形成恰当的自我意识,很快就能提高成绩。而要做到这一点,方法很简单,那就是让孩子明白,他的智力水平足以达到学好这门学科的要求,让他建立自信心。

适当降低要求,让孩子品尝成功

虽说孩子的学习动机各不相同,但总的来看,适当降低要求,让孩子经常体验到成功感,孩子向上攀登的步子会走得更扎实,更有利于他们学习成绩的提高。

如果孩子对学习过程、学习结果只有挫折和失败的体验,他们就会变得焦虑不安、气愤,这种消极情绪反过来又会阻碍学习。相反,

如果孩子经常在学习过程、学习结果中感到轻松愉快,那么孩子的学习兴趣就会被激发,从而学习动力增强,成绩也会越来越好。

仔细观察会发现,平时考试分数不高的孩子,他们体验到的更多是失败感。这时候,父母首先要降低对他们的要求,将长远学习目标分解为一个个容易达到的小目标,然后一步一步提高要求。这样做的目的就是要使孩子能真正享受到一次"成功",有效增强学习动机,为今后的学习树立信心。

父母要根据孩子的学习基础,让他经常品尝到成功,形成良性互动。在这里,父母尤其要注意学习基础差的孩子,一方面要注重孩子基础知识的积累,只有当某一学科的知识积累到一定程度时,孩子才能对这门学科感兴趣,从而形成发愤向上的学习动力;另一方面,这种放宽要求只有得到孩子、老师、父母三方的理解和认可,才会收到实效。

要做到这一点很不容易,既要父母和老师实施赏识教育,又要孩子一步一个脚印踏踏实实地把学习搞上去。只有这样,孩子才能真正品尝到成功,从而激发起更强的学习动机;而这时候,父母和老师也才会主动站在孩子的立场上去看问题,真正形成良性互动。

PART 2
轻松搞定小马虎的招数

孩子考试前变得马虎怎么办

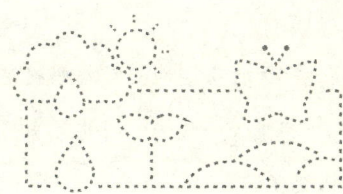

当重大考试临近时,学校到处都贴着"离中考还有××天",家长也每天提醒孩子"好好复习,一定要考好",可是往往事与愿违,许多孩子甚至在正式考试前的模拟考试中出现"滑铁卢",做错题全是因为马虎造成的。为什么会产生这种现象?家长该怎么办呢?

栩栩马上要中考了,全家人都以他为中心:爸爸妈妈不看电视了;爷爷奶奶早晨起得更早,为他准备丰富的早饭……可是,栩栩让全家人很失望。在前不久的中考模拟考试中,他考得非常不理想,分数比平时的成绩要低将近50分!

爸爸妈妈和爷爷奶奶这天晚上聚在一起,和栩栩面谈。

"为什么这次考得这么差?你也应该知道模拟考试的重要性!"爸爸首先说话。

"我也不知道……不过题都是由于粗心做错的……"栩栩小声

地说。

"为什么会粗心?"妈妈接着问。

"我……我……我也不知道,当时脑子里一片混乱……"栩栩都快哭了。

"好了,好了,别难为孩子了,他也不想这样的!"爷爷奶奶上前搂过栩栩说道。

爸爸妈妈看栩栩快哭了,也就停止了追问,但是他们心里的担心更重了。

栩栩的这种情况在很多孩子身上都会发生,究其原因,最关键的就是孩子心理压力太大!家长要帮孩子减压,让孩子保持一颗平常心来应对考试,否则粗心、头脑一片空白等问题会经常困扰孩子!

强化孩子的自信心

考试心态,能直接影响孩子的临场发挥,也是决定考试分数高低的一个重要方面。好的考试心态最主要的表现就是自信。

第一,自信来源于实力。自信是建立在实力基础之上的。没有实力,自信就成了"阿Q精神胜利法",最终会不堪一击。所以,父母要督促孩子认真对待平时的学习和每一次考试,注重增强孩子的知

识实力,其主要要求是:

及时复习,促进知识结构建构:要经常练习"过电影"式的复习方法——不看书,而是独立地回想学过的内容,检验自己是否掌握,并进行规律性的总结。

综合练习,积累成功经验:要重视每一次练习和考试,一方面巩固自己学习、复习的成果;另一方面要保持做题的熟练程度,这非常有利于增强自信。

查漏补缺,重在解剖题目:巩固学过的知识一定要做题目,但不能陷入题海之中,重点要放在解剖题目上,只有明确思路、掌握规律、总结教训,才能事半功倍。

第二,让孩子掌握自信的转移原则。在具有一定实力的基础上,还要让孩子掌握心理学上的"自信的转移原则"。例如,临近考试时,每天让孩子做一些能让他感到自信的事情,然后让这种感觉扩大到其他领域。千万不要让孩子一刻不停地复习,否则,孩子越是复习就越会感到实力不够,产生恶性循环,变得越来越不自信。

第三,考试必备的自信技巧。考试时要有自信,道理似乎人人都懂,那么,究竟哪些方法会对提高孩子的自信有帮助呢?在这方面,主要关注以下八点:

走路昂首挺胸:一个人的走路姿势和步伐,其实反映了人的内心

体验。让孩子昂首挺胸走路、步速稍快,不知不觉中就会增强他的考试自信。

积极自我暗示:孩子在复习阶段受到的消极暗示往往较多,正确的做法是多给孩子积极暗示,教孩子通过在心中默念"我有实力""我会成功"等来增强积极的自我暗示。

目标期待适当:每个孩子心里都会有自己的考试目标,这种目标期待要适当。目标定得太高,会无形中增加考试焦虑;定得太低,又会影响潜能发挥。

多做容易题:除非是学科竞赛,否则,各类考试包括中考、高考,难度不大的试题会占绝大多数。多做做容易的题目,有利于增强自信。

不打疲劳战:考试前,孩子的复习时间长、精神压力大,千万不要打疲劳战。合理安排时间,调整好生物钟和心理节奏感,有利于增强自信。

不要迷信:许多孩子考试前特别敏感,又是听到乌鸦叫了,又是梦见了什么……父母千万不要助长这些消极暗示,它会影响孩子的考试情绪。

不搞相互攀比:不要让孩子和别人攀比考试分数,这会大大挫伤孩子的自信。他只要考出了实际水平,就是成功了;超出了实际水

PART 2
轻松搞定小马虎的招数

平,那就是超常发挥了。

多多相互交流:多和同学、父母、老师交流和沟通,非常有助于释放孩子内心的压力。如果再能得到一点安慰、鼓励、支持,孩子就更容易建立自信了。

第四,父母越踏实孩子越自信。孩子的自信受父母的影响最大,这不仅仅是受遗传因素影响,更在于家庭环境对孩子性格的熏陶,父母越踏实,孩子便会越自信。

孩子每到考试前,多多少少会有焦虑心态。这时,父母的情绪如何,将直接影响到孩子的情绪和自信。有时候,孩子本来很有自信,可是一看到父母焦躁不安、团团转,马上就怀疑起自己的能力来了。

正确的办法是,要让孩子感到考试是生活、学习中一件非常平常的事,平时该做啥,这时候继续做啥。父母稳得住阵脚,孩子才会特别安心。一方面,他会感到考试也没有什么大不了的;另一方面,他会体会到父母对自己的信任,感受到强大的家庭支持,进而变得自信起来。

❤ 幻想暗示

在考试的前几天,家长可以让孩子每天临睡前,躺在床上想象面

临考试的情景:在喧闹的人群中,我沉着冷静地等候入场。进入大楼,并找到考场,我找到了贴着自己考号的座位。坐下来后,我闭目养神,让自己内心平静下来。老师开始发试卷了,我从容地接过试卷,先检查试卷的页数是否顺序相连,然后按要求填写个人资料。接下来开始审题、答题,遇到难题时,我从容应对……如果经常做这样的训练,等真的进入考场时,孩子的心理准备就会很充分,能够适应考场的一切情况,不容易紧张、马虎了。

运动减压

参与体育运动无疑是一个很好的减压办法。迎考期间,大多数考生或多或少存在紧张、烦恼、压抑等情绪,运动则提供了一个"宣泄口",是非常有效的情绪疏导方式,当孩子在奔跑、游泳、挥拍时,肌肉是紧张的,神经却是放松的。大汗淋漓过后,孩子会得到彻底的放松。另外,体育活动还可增强孩子的神经系统功能,提高神经系统的兴奋性、灵活性,增强意志,同时可加深睡眠,提高学习效率。

为避免孩子过度疲劳或兴奋,在复习前、睡前、考试前一小时内不适宜进行激烈运动,尤其在考试前一天不宜做剧烈活动。

PART 2
轻松搞定小马虎的招数

合理饮食

加拿大营养专家贝克指出,不论是面对一件令人担忧的事情还是持续不断的压力,身体会产生所谓的"攻击或逃避反应",具体表现为心跳加速、血压升高、肌肉收紧等。此时,身体会将储存起来的能量释放到血液里,以作临时能量之用。因此,面对考前压力,保持身体有充足的能量是十分重要的。

家长可以参考王盼教授给考生提供的营养建议:

第一,保证充足的碳水化合物供给,提高考生的学习效率。碳水化合物是人体大脑的能量来源,考生在考前紧张复习时,需要的碳水化合物比平时多 10%～15%。其主要来源是米饭、馒头、面包,以及一些粗粮等。

第二,供给充足的卵磷脂,可以提高考生的记忆力。因此,考生应多食富含亚油酸与卵磷脂的食物,如鸡蛋、豆类、肉类等。

第三,多食富含钾的食物。人体缺钾会软弱无力,影响注意力集中。考生应多食豆类、坚果类等富含钾的食物。

第四,合理食用高脂肪类食物。脂类为大脑活动所必需,如果缺乏将影响大脑正常思维;但若食用过多,则易使人昏昏欲睡。

第五,保证维生素和微量元素的供给。维生素能增强人的身体

抵抗力,减轻疲劳,提高大脑的耐氧能力。考生应每天食用400克到500克蔬菜,每周食用一到两次动物肝脏。经常摄入粗粮类食物,可以保证对维生素C、维生素A,以及维生素B的需求。微量元素中的铁、锌、铜,对智力发育较为重要。尤其是铁元素,缺铁不仅会造成贫血,影响身体发育,还会使大脑的运转速度降低。所以,考生应多补充含铁食物,如动物全血、动物肝脏(每周一到两次)、黑木耳等。

第六,合理安排三餐,注意烹调方式。烹调食物时,应根据考生日常饮食习惯,选择考生喜爱的口味和食物,以增加其食欲。在考试期间,要注意不吃太油腻的食物,不要吃得太饱。

第七,在学习紧张影响睡眠时,晚餐应以口味清淡为主,避免食用辛辣刺激的食物,可在睡前半小时喝一杯牛奶或吃一些水果,有助于睡眠。

❤ 充足的睡眠

充足的睡眠是保证考生精力充沛、心态平和的前提。考生千万不要以牺牲睡眠时间来学习,因为睡眠过程是大脑合成记忆蛋白的过程,只有睡眠充足,才能提高学习效率,减轻焦虑。

针对考前睡眠时间少、身心过度疲劳的情况,孩子应进行多时段

的睡眠。对脑力劳动过强的人来说,多时段的休息是调节过度紧张的有效方法。

对于失眠的孩子来说,一方面应积极调整心态,减轻因失眠而带来的心理压力;另一方面应科学地安排生活,建立有规律的起居习惯来克服失眠。

当然还有许多缓压的小技巧,比如听一些舒缓、流畅的音乐,看一些幽默搞笑的图片等,总之,做好考前热身运动,减轻心理压力,孩子就更有可能考出理想的成绩。

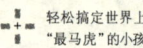

教给孩子正确的审题方法

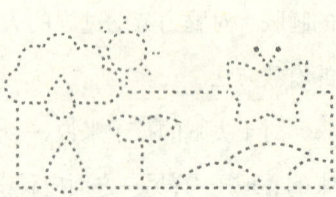

在考试中,审题不清是影响很多马虎孩子成绩的一个重要因素,也是一个普遍存在的问题。

考试中要把好物理审题这一关,应努力做到八个字——眼看、嘴读、手画、脑思。

♥ "眼看"是前提

看题是从题目中获取信息的最直接的方法,这一步一定要全面、细心。"眼看"时应对题中关键性的词语多加思考,搞清含义,对特殊字、句可以用着重符号标注,然后全面分析。

"眼看"时不要急于求解,比如考数学,有些同学看到题目立即写上一大堆公式,不假思索不看条件地乱套一通,最终往往是出力不

讨好。

在"眼看"过程中,要做到边思索边联想,弄清题目中所涉及的知识点,确保审清题意,不出意外。

❤ "嘴读"是内化

考试中遇到难题仅凭"眼看"是不够的,还可以小声细读。这是集中思维接受题目信息的重要手段,也是一个信息内化的过程。它能解决孩子漏看、错看、思维混乱等问题。事实上我们经常可以看到,在平时的学习中,一些成绩较好的同学,看到一道题,不管是难还是易,他们都会怀着轻松的心情去小声细读。特别是遇到一道陌生的题目,他们会更加兴奋,会更认真、仔细地读它,且逐字逐句去研究,直到答出为止。而基础较差的同学则不然,看见难题就有畏惧感,脑中出现的"放弃"的念头束缚了他们的思维。因此,审题时可通过"嘴读"的方法来集中思维,寻找解题灵感。

❤ "手画"是良方

这一点对于解答理科题目非常有用。手画就是针对题目中出现的情景、过程画一些必要的草图。有些同学在解题时不愿画图、不愿动笔，总是凭空想当然地得出结论。事实上，只有不厌其烦地画图，才能够搞清思路，这是解题中很重要的一环，往往也是解题的突破口。运用"手画"方法，画出草图可以展示完整的过程图景，可以使思维过程更为直观、简明。

❤ "脑思"是关键

做到上面几点后，剩下的就是"信息"整理了。这时就要通过"脑思"充分挖掘大脑中存储的所有知识信息，准确思考，快速推理，分析出解题的思路和方法。要知道，在考试中每个人都会遇到卡壳的时候，这时切忌一遇到困难就自乱阵脚，否则，就会越做越紧张，答题效果可想而知。

PART 2
轻松搞定小马虎的招数

越简单的题目孩子
为什么越马虎

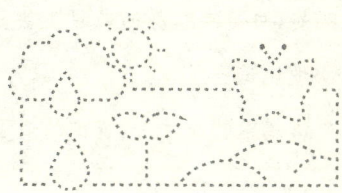

有的孩子在考试中,越是简单的题目越是容易马虎出错,而难题反倒能够得分!为什么会出现这种情况呢?自负是罪魁祸首。自负的孩子会认为简单的题目没有挑战性,因此没有用心做,从而导致丢分;而解答难题却能让这类孩子充满成就感,因此愿意花较多的时间去认真钻研。

鹏鹏拿着成绩单回家了,迫不及待地对妈妈说:"妈妈,这次物理考试有两道最难的题目全班只有我做出来了,老师表扬我了呢!"

妈妈笑着接过成绩单,说:"真棒,我儿子真聪明!"

可是当看到成绩的时候,妈妈却皱起了眉头:"怎么物理只考八十多分?"

"哦,前面有几道简单的题目由于马虎做错了!"鹏鹏撇撇嘴说。

"你这样可不行啊,我知道你聪明,能解答出其他同学都不会的

 轻松搞定世界上"最马虎"的小孩

难题,可是在容易的题目上丢分可不是聪明人会做的事啊!"妈妈耐心地说道。

鹏鹏吐吐舌头,说:"知道了,我下次注意。"

巴甫洛夫说:"绝不要陷于自负。因为一自负,你们就会在应该同意的场合固执起来;因为一自负,你们就会拒绝别人的忠告和友谊的帮助;因为一自负,你们就会丧失客观方面的准绳。"人一旦自负起来,那么等着他的,必然是挫折和失败。家长如何帮助在学习上自负的孩子呢?

❤ 了解孩子为什么会自负

自负是在孩子有了一定的自我意识、自我评价能力后产生的。有的孩子可能取得过一些优异成绩,听到过不少赞誉,认为自己确实优秀;有的孩子只看到别人的缺点,从而认为自己优于他人;有的孩子虚荣心强,因而听不进劝告;有的孩子受个人英雄主义影响,总喜欢处处表现自己。家长要找到导致孩子自负的原因,然后对症下药。

让孩子认识自负的危害

家长要让孩子充分认识自负的危害：由于自负，人们会拒绝有益的劝告和友好的帮助。而且由于自负，人们会失掉客观的标准。盲目自负的人就像井底之蛙，目中无人，自以为是，会严重阻碍自己继续前进的步伐。家长要告诫孩子，任何成绩都是阶段性的、暂时的，如果一时一事领先就盲目自负，恰恰是自己知识不够、眼界不宽的表现。家长还可以有意识地给孩子介绍一些成功者的经验，告诉他们古今中外凡是成功者都是在取得成绩后仍能保持谦虚奋进的人。

给孩子适当的批评

家长对孩子的表扬要适当，对孩子的批评也要恰如其分，既不能以偏概全，也不能视而不见，要客观地指出孩子的不足，这样可以帮助孩子正确地认识自己。

儿童的内心一旦滋长出自负自满的情绪，就会自以为了不起，看不起别人，这对他们的成长是极为不利的。一个孩子无论潜能多大，一旦自负自满，就会止步不前。孩子越小，越是在某些方面表露出非凡的才华，家长越要给他适当的引导，帮助他提防自负自满这个大敌。

❤ 让孩子学会正确地评价自己

父母要努力做到：让孩子多发现他人的优点、长处，虚心向他人学习；用具体的事例让孩子知道"人外有人，天外有天"的道理，知道世界上总是会有比自己更优秀的人存在，切不可因为取得一点成绩就沾沾自喜；要让孩子懂得"寸有所长，尺有所短"的道理。

另外，父母要能正确评价自己的孩子，不要觉得自己的孩子很优秀，当着孩子的面逢人就夸，这样做不是激励孩子，而是满足了自己的虚荣心，并且影响孩子心理的健康发展，孩子会认为自己就是最优秀的，进而可能会导致孩子看不起别人，狂妄自大。

❤ 给孩子多一些接触社会的机会

有时候切身的体会比父母的说教管用，当孩子看到外面精彩的世界，接触到比自己更优秀的人，认识到"强中还有强中手"，就不会为自己的一点点小成绩而自负了。因此，家长要多带孩子出去看看外面的世界。

鼓励孩子要把握火候

给孩子一些真诚的鼓励,往往会取得事半功倍的效果,可以培养孩子的上进心,大大增强孩子的自信心。但是,家长要把握好火候,适时、适度地把孩子从喜悦中"拽"出来,帮他恢复常态,防止其"脱轨"。家长应该在肯定孩子成功的同时,理性指出其缺点所在,帮助他明确生活和学习的方向。

不要给孩子过多的物质奖励

家长在指导孩子改掉自负的毛病的过程中,要本着以精神鼓励为主、物质奖励为辅的原则。过多的物质奖励,有时会让孩子产生沾沾自喜、忘乎所以,甚至不思进取的心态。家长要防止孩子被夸奖声和赞许的目光所包围,或由于获得过多的物质奖励而产生畸形的满足感,从而削弱进取意识。

避免孩子考试因贪快而马虎失分

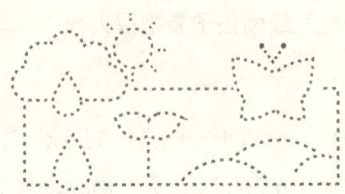

聪明的孩子往往好胜心强,希望自己得到老师和家长更多的肯定和关注。他们很清楚,如果在考试中能够又快又好地做完试题,老师就会喜欢自己,同学就会钦佩自己,家长也会奖励自己,所以,孩子总是会尽快做完考卷,但是这个念头使得许多孩子急中出错,来不及仔细分析就下笔,马虎问题由此而生。

兴兴很聪明,老师讲的知识点他都能够很快理解,并且答题的速度非常快,老师经常表扬他,兴兴自己也非常得意。

可是,聪明的兴兴却经常在考试中犯一个错误——因为快速答题而忽略了一些题目的真正含义,结果马虎出错,事后后悔不迭。

这天,是兴兴期中考试的第一天,妈妈再三告诫:"不要第一个交卷,好好分配考试时间,别为了贪快而马虎失分!"

兴兴一边吃早饭一边答应着。

到了考试的时候,一开始,兴兴还能不急不躁仔细答题,可是当他看见旁边的同学答题速度比他快的时候,立马就不服气了,开始"追"……当然,他又是全考场第一个交卷的,可是三天后试卷发下来,他又发现自己做错了许多不该错的题。

兴兴拿着试卷,耷拉着脑袋,不知道回家该怎么跟妈妈交代。

兴兴考试时因贪快而导致马虎失分是非常可惜的。家长要教会孩子科学、合理地分配考试时间,并且加强孩子的自控能力,让孩子在任何情况下都能不急不躁地答完题。

教会孩子合理地分配考试时间

合理地分配考试时间,在选拔性的考试中是很有必要的。一般而言,分配的方法有两种:

第一,不同的题型有不同的特点,要具体情况具体对待。一般来说,Ⅰ卷以客观题为主,可相应少安排点时间,Ⅱ卷以主观题为主,可多分配些时间;思维量少要求低的,少花些时间,思维量大要求高的,可多花些时间;书写量少的,少占点时间,书写量大的,安排的时间要宽裕点。

第二,按题目的难易程度分配时间。遇到熟悉的或难度较低的

轻松搞定世界上"最马虎"的小孩

题目,可少花些时间,陌生的或难度大的题,多分配些时间;先做容易的、把握性较大的题目,后做需要思考、有难度、把握性不那么大的题目。这就要求孩子拿到试卷后,要对试卷进行整体感知,以便合理地安排考试时间。当然,难题所花的时间只能相对长些,因为考试时间有限,不能因为在思考难题时花的时间过多而影响其他题目的完成。

♥ 孩子答题速度快,时间多余怎么办

孩子答题速度快,时间多余,那么家长也要提醒孩子不要提前交卷,而是应该充分利用多余的时间,进行全面检查,查漏补缺。孩子主要需要检查计算是否正确、书写是否有误、内容是否完整、要点是否突出、选择题答案是否正确、机读卡填涂是否符合要求、题号与答案是否发生错位。如果这些检查完毕后还有时间,那么孩子可以继续检查有没有漏做的题目、每道题目的题干有没有看错、选择题的选项有没有仔细看过、做起来特别顺利的题目是否有陷阱没有被发现。

♥ 加强孩子的自控能力

孩子在考试时需要有一定的自控能力,这样才能从根本上保证

PART 2
轻松搞定小马虎的招数

其不因着急答题而马虎出错。

自我控制能力的提升,一方面与孩子自我控制意识的发展有关,另一方面也与有效的自我控制策略的获得有关。比如对于只要速度不要质量的考场行为,不少孩子都知道这样做不对,但实际上他们常常由于缺乏有效的自我控制策略而不能有效地控制自己的行为。因此有意识地指导孩子学习一些必要的自我控制的策略,掌握一些自我控制的方法,将会更好地帮助孩子对自己的行为进行调节和控制,从而提升自我控制的能力。具体来说,家长如何培养孩子的自控能力呢?

第一,让孩子凡事都先想一想,然后再去做。孩子的一个突出特点就是冲动性强,在行动前常常不加思索,很少考虑行为的后果,不像成人会在具体行动前先仔细考虑该行为的利与弊再相应地采取一种适宜的行为方式。对于孩子来说,为了提高自我控制能力,就应该学着在做事之前先想一想,根据自己以往的生活经验或他人的经验思考这么做会有什么样的后果,在此基础上,对自己的行为进行调控,采取适宜的行为方式。比如说,一名学生在上课时想说话、做小动作,如果这时候他能先想一想这样做的后果,并认识到上课讲话不仅会影响到自己的学习,而且还会影响周围其他同学听讲,那么他就有可能会有意识地控制自己,专心听讲。

第二,提高孩子的移情能力。自我控制是个体对自身心理与行为的主动掌握。孩子由于自我中心化倾向较强,他们往往站在自己的角度而不是他人的角度来考虑问题,只根据自己的意愿行动,而很少考虑他人。因此家长应该让孩子有意识地培养和提高自己的移情能力,提高自己对他人情绪情感的敏感性,学着站在他人角度感受和理解自身行为对他人所造成的影响,从而有意识地控制和调整自己的行为,以提高自我控制的能力。

第三,学习同伴的良好行为,抵制同伴不良行为的影响。对于孩子来说,在不同的年龄阶段,其学习的对象是不同的。在年幼时,孩子主要是以父母与老师的行为作为学习对象的,但是随着年龄的增长、生活经验的丰富和同伴交往数量的增多,同伴在孩子心理发展中的影响作用越来越大,孩子会通过观察、模仿、认同等方式,更多地向同伴进行学习。优秀的同伴常常能为儿童树立一个积极的行为榜样,促进其良好行为品质的形成;而同伴不良的行为则在儿童周围形成消极的示范,不利于其积极行为的培养。因此在同伴群体中,家长必须帮助孩子正确对待同伴的行为,学习同伴积极、适宜、良好的行为模式,而不是盲目地认同或全盘接受,只有这样才能充分发挥同伴榜样的积极作用,防止同伴消极作用的影响。

PART 2
轻松搞定小马虎的招数

当考试考砸之后……

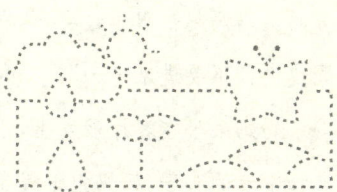

粗心的孩子在考试的时候难免会遇上"一不小心"考砸的情况。作为家长,孩子考砸了之后,应该怎么办呢?

这一次,期中考试刚过,妈妈下班回家正在做晚饭,妞妞放学回来了,与以往不同的是,妈妈看到了一个极其不开心的女儿,那种眼神显得疲惫又黯然。

"怎么了?"妈妈关心地问。

妞妞战战兢兢地对妈妈说:"妈妈,考试成绩出来了……"

妈妈接过成绩单,发现理科成绩还勉强凑合,但是英语只考了76分,是全班倒数第二名。

"这次怎么考成这样?你可是马上就要参加中考了呀!"妈妈惊讶地说。

"我考英语时因为粗心漏做了一张试卷。"妞妞说完转身跑进了

轻松搞定世界上"最马虎"的小孩

房间。妈妈赶忙跟了过去,却发现女儿把头埋在被子里呜呜地哭,边哭边说:"不要进来……"

妈妈呆坐在客厅沙发上,不知道自己该怎么劝慰女儿,看着即将参加中考的孩子,妈妈担心极了……

面对考砸的孩子,家长自己要收起担心的情绪,帮助孩子克服这个挫折!

理解孩子的情绪波动

孩子因为粗心大意考砸之后,家长和孩子的情绪都不好,尤其是孩子,情绪可能会波动很大!家长要平复自己的情绪,要理解孩子。

第一,孩子情绪大,是因为期望值太高。美国心理学家对1967年至1982年共16届美国国内篮球大赛的预决赛结果进行统计,发现一个有趣的现象:当某支球队与势均力敌的对手比赛时,初赛阶段,主场赢球机会大;复赛时,主场变得输多赢少;决赛时,主场赛绩胜率更低。上述事实表明:越是激烈的竞争,人们越是对胜利有更强的渴望,而过高的期望将成为心理负担,使地利与人和的有利因素反而变为了不利的因素。因此,孩子对考试成绩应该有一个适当的期望值,考前孩子如果对自己的期望值太高,一旦成绩不尽如人意,孩

子的心情就极有可能从山顶跌落到山脚。期望值太高分为两种情况:一种是孩子本身能力不够,定的目标太高;另一种是孩子本身的能力不错,目标也合理,但是由于各种原因考砸了,最后的成绩与目标出现较大落差。前者更需要引起家长的重视。

第二,自尊心受挫。考试往往伴随竞争,有竞争必然有成败。孩子考砸了,如果没能很好地正确对待和处理失败的心灵体验,使失败的强烈刺激在心中积淀形成阴影,那么,情绪就会波动,自尊心极易受挫。

孩子考砸后的对策

孩子考砸了,家长应该怎么办呢?

第一,别让谈话氛围太凝重。学习成绩是孩子心中最敏感的地带,很多孩子如同故事中的妞妞一样,心里其实非常明白自己的考试成绩不好,所以当谈话开始时,他们都会不由自主地在大人面前摆出"垂头丧气"的认错态度。如果这时候父母还要营造出一种凝重的谈话氛围的话,那么会让孩子过于紧张,产生惧怕考试、惧怕学习的不良情绪,而且很可能使孩子与父母的心理距离越来越远。一旦事情过后,父母想与孩子亲近一些,说些悄悄话时,却发现已无法走进孩

子的心灵了。

第二,少把孩子与其他人进行比较。

小林原先很喜欢跟着妈妈到表妹家去玩,后来却死活不肯去了。逢年过节,要到表妹家吃饭,小林也不肯"赏脸"。原来,表妹和他是同班同学,学习成绩很好,还是副班长。有一次考试,小林只得了76分,而表妹是第一名,得了92分。妈妈带着小林去表妹家,毫不顾及地把小林的分数给抖了出来,还说他"不如表妹,太不争气"。从此以后,小林便打定主意再也不去表妹家了。

很多家长在与孩子谈他们的成绩时,都会习惯性地冒出一句:"某某都得了多少分,你怎么考这么差!"殊不知,这样不经意的比较,会令本来就愧疚难当的孩子更加无地自容,极大地伤害孩子的心灵。这是很多家长必须要注意的问题。

第三,多让孩子反思原因。考试失利并不可怕,可怕的是失利后不懂得反思。俗话说"失败乃成功之母",为什么这么说呢?因为人们在经历失败之后会深刻地反思自己,总结经验教训,再向成功冲刺。如果孩子在考试失利后不懂得反思的话,那么他的成绩就永远不可能得到大幅度的提高。明白了这个道理,家长一定要让孩子自己来反思、总结考试不理想的原因——粗心,然后找出纠正的方法。

这才是帮助孩子的有效手段。

第四,明确提出今后改进的方向和措施。在孩子总结出失败的原因之后,家长要让孩子提出今后改进的方向和措施,可以让孩子写成书面文字,贴在孩子的书桌前,时时激励孩子。家长还要协助孩子改进学习方法或考试技巧,避免"考砸"事件再次发生。

NO.6 让孩子多做一些"细活儿"

引导孩子细心观察大自然

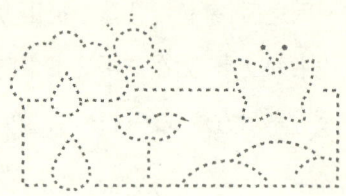

人是自然之子。大自然中的花草树木、飞禽走兽、山川河流、风霜雪雨等千姿百态的动植物和变化无穷的自然现象为孩子提供了最好的生活、学习环境。在大自然中,只要家长善于布置任务,孩子粗心、马虎的坏习惯就会逐渐改变。

下面给家长介绍几个既适合孩子玩,又能帮助孩子改掉马虎毛病的好方法:

♡ **让孩子记录蜘蛛的捕食过程**

为什么选择"记录蜘蛛的捕食过程"这一方法来锻炼孩子细心认

真不马虎的习惯呢？因为蜘蛛捕食是一个相对而言时间比较长的过程。为了观察到捕食过程，孩子必须细致细致再细致，不放过蜘蛛任何一点微小的动作，只要一马虎，可能就会错过重要环节。因此，这个经历能够起到很有效的锻炼作用。

第一，选择舒适的观测地点。在屋外观察的时候，家长要尽量选择一些舒适的地方，这样孩子就不会因为太热或者太冷而早早地起了放弃之心。

第二，做好观测记录。蜘蛛捕食的时间、地点、经过、结果，家长都必须帮助孩子详细地记录下来，最好能够使用照相机拍摄下来，以便回家后继续完善观测报告。

第三，多观测几次。蜘蛛都吃哪些小昆虫，它们的习性如何……这些都必须经过多次观测才能得出一个科学的结论。当孩子打算半途而废时，家长要鼓励孩子坚持观测。

第四，给孩子适当的表扬。如果孩子能够坚持下来，家长一定要对其进行表扬，甚至可以联系老师，让老师在自然科学课上展示孩子的作品，这一定会让孩子备受鼓舞。

 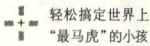

和孩子一起追踪蜗牛的活动轨迹

家长可以和孩子一起当"小侦探",追踪蜗牛的活动轨迹,让孩子通过这个活动,逐渐改掉粗心的毛病,变得细心起来。

第一,做好准备工作。首先,家长要找一窝蜗牛。蜗牛喜欢在阴暗潮湿、疏松多腐殖质的环境中生活,昼伏夜出,在公园、菜地里都有它们的踪影。其次,家长要准备一些工具,如儿童用的可剥落的指甲油、花盆、小石块。

第二,给蜗牛做记号。找到群居的蜗牛之后,家长可以让孩子挑选出10只,在它们的壳上涂一点指甲油,让它们成为孩子的"追踪对象"。

第三,用倒扣的花盆作为蜗牛的新家。蜗牛做好记号之后,家长要让孩子把事先准备好的花盆倒扣在附近,然后把蜗牛收集起来,把它们放在花盆下面。注意,要在花盆的边沿垫一块石头,以便蜗牛们可以自由进出。

第四,让孩子明确观察目的。家长应明确告诉孩子,这次观察的目的是"确定蜗牛是否每天会回到固定的地点睡觉"。孩子在每次观察前,都要有明确的目的,即观察什么,为什么观察,因为孩子对观察任务的了解程度会直接影响到观察的效果。观察目的越明确,孩子

的注意力就越集中,观察也就越细致深入,观察的效果也就越好。

第五,展开观察。在一切准备好之后,家长便可以带着孩子展开观察了。孩子会发现,自己做记号的蜗牛依然在花盆底下,并没有离开"新家"。如果孩子抱着"可能是巧合"的怀疑态度,家长不妨带着孩子多观察几日,然后可以得出一个结论:蜗牛会日复一日地爬回到固定的地点睡觉。

第六,对观察结果进行记录。孩子观察了几日,就要写几日的"观察报告",内容包括观察的时间、地点、目的、结果等。随着观察活动的增多,厚厚的观察报告能从侧面鼓励孩子多观察客观事物,并分析客观事物。这对孩子认识事物、适应社会起到良好的作用。

第七,让蜗牛恢复本来面貌。观察结束之后,家长要让孩子把原先涂在蜗牛背上的指甲油剥掉,否则鲜艳的颜色会吸引蜗牛的天敌——鸟类。这也能间接地培养孩子爱护动物的道德品质。

 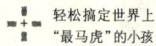

利用游戏让孩子摆脱粗心

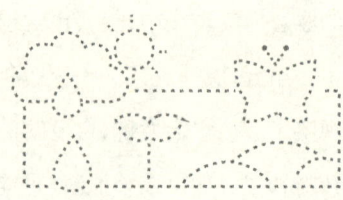

孩子都爱玩游戏,而粗心的坏毛病也能通过游戏进行改正。下面给家长介绍几个既好玩又能帮助孩子培养做事认真细致的好习惯的游戏:

❤ 乒乓球干扰游戏

本来粗心的孩子要保持注意力高度集中就不容易,如果旁边还有人进行干扰,就更难以集中注意力了。如果在有干扰的情况下,孩子依然能够集中注意力,那么还有什么事情能让孩子分散注意力,变得马虎粗心呢?所以,家长陪孩子一起玩玩乒乓球干扰游戏吧!

第一,准备工作。家长除了要准备好乒乓球拍和乒乓球以外,还要选择一个相对空旷的环境。

第二,交代游戏规则。家长要给孩子讲清游戏规则:把乒乓球放在拍子上,然后绕障碍物走一圈,途中大人会进行各种各样的干扰,但这些干扰都不会碰到他的身体,孩子必须在走完一圈之前不能让乒乓球掉下来。障碍物在家里可以选择大小适中的桌子、椅子,在户外可以选择长椅等。

第三,进行干扰。家长可以进行各种各样的干扰,比如一会儿拍手跺脚,一会儿大喊大叫:"掉了!掉了!"……孩子为了不输给家长,会努力排除干扰,尽量保持镇定和注意力集中。

❤ 找呀找呀找"回忆"

在"找回忆"的游戏里,孩子必须通过认真细心的回想才能完成。这是帮助孩子摆脱粗心,锻炼孩子记忆力的好方法。

第一,选择一个安静的环境。和孩子一起回忆时,最好在一个安静、温馨的环境中进行,这样的环境能够让孩子心情平静,更利于游戏的进行。

第二,设置初级回忆题目。家长在一开始要设置一些容易引起孩子回忆的题目,比如让孩子说出昨天午饭吃的是什么。

第三,设置高级回忆题目。家长可以设置如"一件开心的事""一

件好笑的事"之类的题目,这类题目需要孩子对整件事情进行回忆,一个环节没有记住,就有可能影响整件事情的逻辑,能够进一步锻炼孩子的记忆力。

第四,进行比赛。家长可以和孩子进行比赛,针对初级回忆题目,可以家长说一种,孩子说一种,看看谁回忆起来的东西多;针对高级回忆题目,家长可以给孩子"挑刺儿",因为孩子经历的事情,一般家长都有参与,孩子说得不对,家长可以及时指出。谁的错处多,谁就输了比赛。

除了"找回忆"的游戏,这里还有一些方法供家长参考:

第一,带孩子去购物时,让孩子数一下商店橱窗中商品的个数。家长和孩子对比一下,看谁数得对,数得快。也可以增加一点难度,让孩子记住橱窗里的商品后走开,过一会儿再回忆,看看记住了多少。

第二,让孩子在路边用3～4分钟数一下经过的自行车的数量,最好是在交通高峰期。

第三,制订计划。家长和孩子商量明天要做的事情,第二天,家长不要提醒孩子,到睡觉前看孩子的计划执行得怎么样。

第四,带孩子去旅游,或到一个他从未去过的地方,给他讲一些新奇的东西,回家后让孩子转述给其他人。

第五,在围棋盘或象棋盘上摆七八个棋子,让孩子看一分钟左右,然后把棋子拿掉,再让孩子照原样摆上。

和孩子一起数硬币

对于做事马虎不认真的孩子,数硬币是一个不错的锻炼方式。

第一,准备好各种币值的硬币。让孩子数硬币时,最好各种币值的硬币多准备一些,这样做可以增加难度,让孩子只有认真才能数得正确。

第二,让孩子自己数第一次。家长不要急于教给孩子数硬币的方法,第一次让孩子按照自己的想法来数。一般来说,很多孩子都会数着数着就"忘记了""数差了",这个时候才是教给孩子正确方法的最佳时机。

第三,教给孩子数硬币的方法。首先,硬币要按照不同币值进行分类,一角钱的分一堆,五角钱的分一堆,一元钱的分一堆;然后,对每堆硬币进行数数,每数到十就摆起来放一边,并在纸上进行记录;最后,把数值加起来就是硬币的总金额了。

游戏时的注意点

游戏是帮助孩子摆脱粗心的绝佳方式,家长在陪孩子做游戏时,还要注意以下几点:

第一,兴趣是保持专心的首要条件,父母要为孩子提供丰富的、有趣的游戏材料,激发他们对游戏的兴趣。

第二,根据一定的目的,有计划地向孩子提供游戏材料,切忌把材料一股脑儿地堆在孩子的面前,让他们东抓抓西摸摸,而缺乏做游戏的目的性。

第三,游戏内容要有梯度,由简单到复杂,满足孩子在不同年龄段的不同需要。

第四,单次游戏时间不宜太长。适度地调换游戏内容,有利于培养孩子的专心,但一次活动不要提供过多的玩具。

PART 2
轻松搞定小马虎的招数

做家务也能让孩子变得细心

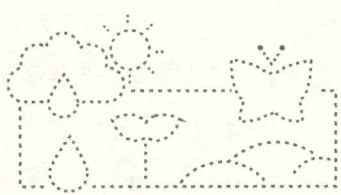

在国外,许多父母都注重从小让他们的孩子做点家务,干一些给花园除草、倒垃圾或者修剪草坪等力所能及的事。研究表明,孩子从小就负责一些家务对他们的一生都非常有好处,所以家长应该根据自己家庭的情况,适当分配给孩子一些家务。至于粗心的孩子,家长可以给他们派一些"细活儿",让孩子在做家务的过程中变得越来越细心。

● 择韭菜

韭菜馅儿的饺子好吃,可是韭菜择起来却非常麻烦,需要细心、耐心才能把它们择干净、洗干净,因此择韭菜是一个锻炼孩子的好方法!

国庆节期间,芸芸家准备吃韭菜馅儿的饺子,妈妈突发奇想,让

轻松搞定世界上"最马虎"的小孩

粗心的芸芸来择韭菜!芸芸一开始不以为意,觉得择韭菜有什么难的,所以一口答应那一大捧韭菜全归她来择。

让芸芸没想到的是,择韭菜特别考验人,粗心的她一开始一根一根地择,可是不久就发现速度太慢了,就开始一小把一小把地择,可是这样很难把所有的泥巴、烂叶去掉,反倒把沾了水的韭菜弄得乱七八糟。芸芸很是苦恼。

看着在看电视的爸爸妈妈,芸芸甩手说:"我不择了,太烦人了!"

妈妈回过头对她说:"不择一会儿不能吃哦!我们等你,细心点,好好择,择干净,我们芸芸是最棒的,怎么能被韭菜打败呢!"

芸芸虽然不乐意,但是妈妈的"高帽子"已经扣了下来,她只得硬着头皮一根根细心地择了起来!

在孩子择韭菜的时候,爸爸妈妈要注意:

第一,教给孩子正确的方法。韭菜确实很难清洗,家长要教给孩子正确的方法,不能让孩子因为烦躁而甩手不干。

第二,及时鼓励。择韭菜非常考验粗心的孩子,为了让他们耐心地择到最后,爸爸妈妈要及时给予孩子鼓励,比如"择得真细心啊,这么干净""比你爸爸择得强多了",让孩子心里得到一定的满足感,他们的干劲儿也会更足。

煮米饭

煮米饭对粗心的孩子来说也是一种很好的锻炼,爸爸妈妈快试一试吧!

第一,淘米。淘米的目的是为了清除米中的杂质,一般来说要淘三遍。家长可以手把手地教孩子如何淘米,让孩子把米中的杂质都细心地挑出来。另外,家长还要告诉粗心的孩子不要偷懒,不能因为看不见脏东西就只淘一遍,很多脏东西都是肉眼看不见的,所以要对孩子强调米一定要淘三遍。

第二,加适量的水。水的多少直接影响米饭的软硬,放得少了可能成夹生饭,放得多了可能成了粥。孩子一时之间很难掌握该放多少水,家长可以告诉孩子大概的比例,一般是 1∶1.2。

第三,一定要按下煮饭的按钮。煮饭的最后一步是把饭锅放进电饭煲,然后按下开始按钮。家长一定要提醒粗心的孩子按下开始按钮——大人很多时候都会忘记,别说小孩了。另外,提醒粗心的孩子在饭煮好了之后,要拔掉电饭煲的插头。

简单的家务活儿也需要细心来完成,否则吃米饭就可能吃到石子等杂质,弄不好没有拔插头还会酿成火灾!家长要利用生活中简单的家务事来多锻炼孩子!

❤ 浇花

浇花很简单,可是要按照一定的周期一次不落地浇水却也是十分考验粗心孩子的。

海拉蒂今年七岁半了,在萨尔马多城上小学,很活泼,可是有点儿粗心。最近海拉蒂在学习有关植物方面的知识,她迷上了植物,觉得那些花草实在是太美了,便苦苦地哀求爸爸给她买一盆鲜花。

爸爸同意了海拉蒂的请求,周末带着她到花卉市场买了一盆小花。父亲希望海拉蒂看到小花生长的整个过程,并且能够自己照顾它。于是,父亲和海拉蒂约定,由海拉蒂负责照顾小花,给它浇水施肥。

"你那么粗心,能好好照顾小花吗?"爸爸问。

海拉蒂用力地点点头。

最初几天,海拉蒂非常兴奋,每天都耐心地给小花浇水,还根据日照的情况,不断给花盆挪动位置,并拿出本子,歪歪扭扭地在上面画出小花生长的情况。

海拉蒂的父亲看到她这么用心,十分满意。可是,没过多久,父亲发现海拉蒂给花浇水的次数越来越少了,甚至好多天都不给小花

PART 2
轻松搞定小马虎的招数

浇水,也不做记录,似乎粗心的她已把养花的事给忘了。结果,小花慢慢枯萎了,叶子也开始泛黄,生长的速度也减慢了。

吃过晚饭,父亲把海拉蒂叫到阳台,问她:"你给花浇水了吗?"

海拉蒂低着头说:"没有。"

"为什么没有?"

"我……没记起来……"

"我们在买这盆花的时候,是怎么说的?由谁负责给这盆花浇水?"

海拉蒂沉默不语。

"你看,这盆花多么伤心!她失去了美丽,叶子变得枯黄,而这都是因为你。"

此后的日子里,海拉蒂每天坚持给花浇水,再也没有因为粗心忘记小花了,不久小花又恢复了以往漂亮的颜色。

海拉蒂的父亲是一位好父亲,他用一盆花教育了女儿做事要有责任心,要细心。那么在日常生活中,父母教育孩子时还要注意些什么呢?

第一,言传身教。细心的孩子需要父母言传身教,从小培养,父母是子女的启蒙教师,只有父母做事小心认真,孩子才会潜移默化地养成这一好习惯。

第二,让孩子处理自己的事情。当粗心的孩子闯下一些祸时,让孩子自己去处理吧!只有让孩子懂得自己的行为将会产生什么后果,他才会对自己的行为负责任,才会认识到粗心的危害,主动去改变。

PART 2
轻松搞定小马虎的招数

改掉粗心的毛病可以从画画开始

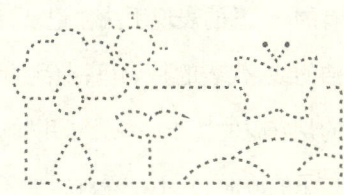

画画是个细腻活儿,而且绝大多数孩子都喜欢涂鸦,所以要想改掉孩子粗心的毛病,可以从画画开始!

保护孩子的绘画兴趣

孩子的兴趣很多时候是被不恰当的教育方式扼杀的。为了避免这种情况的发生,在孩子对绘画感兴趣的时候,请家长要这样做:

第一,"听"孩子的画。对于画画画得"像"的孩子,家长自然鼓励不断,孩子对绘画的兴趣也会保持一段比较长的时间;但是对于画画得不"像"的孩子,家长一两个否定的眼神可能就会打击孩子绘画的兴趣!所以,好像保护孩子的绘画兴趣,家长首先要撇开"画得像"的错误观念。对于孩子来说,画画就像大人写日记一样,他们会以既

有的、熟悉的表现手法,"记录"深刻于心中的生活经验,比如几条简洁的线,代表的是妈妈;杂乱的线,代表的是弟弟;圆圆的图形,代表的是好吃的饼干……孩子用"画"来讲述自己的感受和发现。家长看孩子的画时,并不是看画得像不像,而是要"听"画中所表达的东西,并去理解、关心、尊重孩子所诉说的内容。

第二,丰富孩子的生活经验。丰富孩子的生活经验,是帮助孩子在艺术天地成长的重要方式。举例来说,带孩子去游泳、爬山、唱歌、跳舞……甚至生活中的吃饭、洗澡、刷牙、睡觉等点点滴滴,都是丰富孩子绘画灵感的最佳来源。孩子要通过亲身的体验,才能描绘出生动、真挚、充满情感的作品,不会老是画一些内容空洞、缺乏变化、让父母纳闷的画。这样的作品,即使在技术上还不成熟,也能打动看画人的心,孩子更能在绘画过程中得到满足。

第三,提供能引起共鸣的图画书。借助图画书引导孩子作画,可培养他判断、选择与整合的能力。不过,图画书内容要合乎孩子的语言理解程度,家长购买时需要特别注意。

第四,不要要求孩子临摹。当孩子发现新颖的、属于自己感受且美好的表现方式时,他的画就有了生命。大人千万不可画给孩子看,或要求孩子临摹,这些都会逐渐抹杀孩子对事物的统合、分析和创造能力。

PART 2
轻松搞定小马虎的招数

幽默地提醒孩子画画时犯的错误

粗心的孩子在画画的时候容易犯一些错误,比如忘了画耳朵、树叶涂错了颜色……家长可以用幽默的方式提醒孩子所犯的错误!

下面一个故事可以在孩子画错的时候讲给他听:

从前有个小画家,他画画很漂亮,但是他有一点坏毛病就是很粗心,经常会画错。

有一天晚上,小画家睡着后,他画的动物从纸里面跑了出来。一只鸭子看见兔子后大笑道:"你的耳朵怎么是圆的呀?我还没见过圆耳朵的兔子呢!"

兔子羞得满脸通红,气呼呼地说:"我也没见过你这尖嘴巴的怪物呢,鸟不像鸟,鸭子不像鸭子的!"

鸭子见兔子这么说它,也很生气,就要跟兔子打架。这时候一只螃蟹过来劝架:"别打了,别打了,都怪那个粗心的小画家。"

鸭子和兔子听螃蟹这么说才平息了怒气。兔子一看螃蟹,惊讶不已地说:"螃蟹大哥,你怎么少了四条腿呀?谁把你弄瘸了?"

螃蟹伤心得掉下眼泪,说不出话来。这时候一匹马走过来说:"都是那个小画家弄的,你们看,我的尾巴也没了,害得我每天晚上都

被蚊子叮。"

"走,我们找小画家算账去,我要用尖嘴巴啄他。"鸭子说。

"那我就踢他。"马说。

"我要夹他。"螃蟹说。

"我要咬他。"兔子说。

这时候,小画家刚好醒过来,听见它们的对话,吓得躲在被子里不敢出来。天亮后,小画家马上起床,拿起铅笔和橡皮擦,把鸭子的嘴巴改成扁的,把兔子的耳朵改成长的,给螃蟹添了四条腿,给小马画了一条尾巴。

这个故事在让孩子哈哈一笑之余,也很好地提醒了孩子。家长可以多找一些类似的故事,用幽默的方式来告诉孩子他在画中所犯的错。